길에서 길을 찾다

길에서 길을 찾다

2011년 8월 25일 교회 인가
2012년 6월 25일 초판 1쇄 펴냄
2021년 9월 27일 개정 초판 1쇄 펴냄

지은이 · 문재상
펴낸이 · 염수정
펴낸곳 · 가톨릭출판사
편집 겸 인쇄인 · 김대영

본사 · 서울특별시 중구 중림로 27
등록 · 1958. 1. 16. 제2-314호
전자우편 · edit@catholicbook.kr
전화 · 1544-1886(대표 번호)
지로번호 · 3000997

ISBN 978-89-321-1791-1 03230

값 16,000원

가톨릭의 모든 도서와 성물은 '가톨릭출판사 인터넷쇼핑몰'에서 만나 보실 수 있습니다.
http://www.catholicbook.kr | (02)6365-1888(구입 문의)

ⓒ 문재상, 2012
성경 ⓒ 한국천주교중앙협의회 2005

이 책은 저작권법에 의해 보호를 받는 저작물이므로 무단 전재와 무단 복제를 금합니다.

길에서 길을 찾다

의지할 곳 없는 사제,
길 위에서 하느님을 만나다

문재상 지음

가톨릭출판사

추천의 말씀

저자의 체험이
한 줄기 빛이 되기를……

"떠나라."(창세 12,1)

주님께서 당신 백성들의 조상으로 택하신 아브람에게 처음으로 명하신 말씀은 "떠나라."입니다. 아브람은 "고향과 친족과 아버지의 집을 떠났을" 때 하느님을 만날 수 있었고, 그 떠남을 통해 하느님의 계획이 이루어질 수 있었습니다.

그렇습니다.
예수님께서 "나는 길이요 진리요 생명이다. 나를 통하지 않고서는 아무도 아버지께 갈 수 없다."(요한 14,6)라고 말씀하셨습니다.

길을 나설 때에 하느님을 만날 수 있습니다. 아브라함이 그랬고, 광야의 이스라엘 백성이 그랬습니다. 우리들 역시 마찬가지입니다. 지금 머물고 있는 이 자리에서 일어나 길을 나서는 것, 잠시 모든 것을 내려놓고 문 밖을 나서는 것, 우리가 하느님을 만나기 위해 해야 할 일입니다.

이 책은, 지금은 대전교구의 사제가 되어 착한 목자로 살고 있는 한 신학생의 모험으로 꾸며진 무전여행기입니다. 아무것도 가지지 않고 떠났던 그 길에서 그는 하느님을 만나게 되었습니다. 독자 여러분도 그 풍요로운 여정에 함께하시면서 많은 은총을 받으시리라 믿습니다.

각자 자신에게 주어진 '광야'를 걷고 있는 독자들에게 저자의 체험이 한 줄기 빛이 되기를 희망합니다. 길 위로 나서기를 바라지만, 용기가 없어 아직 일어나지 못하고 있는 독자들에게도 위로가 되기를 바랍니다. 우리가 하느님을 만나기 위해 길을 나설 때, 하느님께서는 기꺼이 우리를 만나러 오십니다.

특별히 우리의 장한 선조들의 신앙과 삶이 배어 있는 성지를 도보로 걷는 순례의 여정을 체험해 보시기를 권합니다.

    많은 분들이 각자의 길 위에서 '새로운' 하느님을 만나게 되기를 기원합니다.

성모 성월에
교황청 성직자성 장관 유흥식 라자로 대주교

+ 유 라자로

머리말

길을 떠나며

몇 해 전, 군대를 다녀온 휴학생 시절이었지요.
문득 무전여행을 떠나고 싶었습니다.
아무런 계획도 없이
아무런 돈도 없이
아무것에도 의지하지 않고
그냥,
정말로 그냥.

물론 말도 안 되는 계획이었지요.
그런데 이 말도 안 되는 계획에 동참해 준 사람이 있었습니다.
바로 제 동기 김용태 안드레아.

막연한 생각이 그 친구를 만나면서 '정말 할 수 있겠다.' 하는 결심으로 바뀌게 되었지요.

여행을 시작하면서 규칙도 나름대로 정했습니다.

- 구체적인 여행 계획은 세우지 않는다.
- 우리나라를 한 바퀴 돌아보는 것을 원칙으로 한다.
- 돈은 가져가지 않는다.
- 혹시 돈을 얻게 되더라도 쓰지 않는다.
- 얻어먹고 얻어 자며 '무상의 은총'을 체험한다.
- 아는 사람의 도움은 되도록 받지 않는다.
- 하루 2, 30킬로미터 정도는 걷고, 힘든 경우에는 히치하이크를 한다.
- 신학생이라는 신분을 밝히지 않는다.

그냥 성당에 다니는 충남대 국문과 학생이라고 하기로 했습니다. 원치 않게 거짓말을 하게 되었지만, 그편이 좋을 것 같았거든요. 그렇게 해서 우리는 그해 여름을 줄곧 붙어 다녔습니다.

대전에서 출발해서 우리나라를 구석구석 누볐지요.

거쳐 간 도시만 해도 대강 이렇습니다.

대전, 천안, 충주, 단양, 제천, 원주, 춘천, 속초, 강릉, 동해, 삼척, 태백, 영주, 문경, 대구, 포항, 경주, 울산, 부산, 진해, 마산, 거제, 진주, 순천, 보성, 강진, 해남, 진도, 목포, 광주, 남원, 전주, 익산, 논산, 대천, 청양, 안면도를 거쳐 다시 천안. 그리고 다시 대전.

2005년 6월 17일부터 7월 26일까지, 40일 동안 계속된 여정이었습니다.

정말로 얻어서 먹고, 얻어서 자고,
그렇게 하루하루를 보냈습니다.
돈은 계획했던 대로 거의 쓰지 않았습니다.
중간에 막걸리를 한 통 사 먹느라 1,200원인가를 썼고,
논산에서 보령으로 가는 버스표를 한 번 끊었고,
오히려 10만 원가량을 벌었습니다.
'뭐라도 좀 사 먹으라'며 돈을 쥐여 주는 분들이 계셨던 것이지요.

지금 돌아보아도 신비스러운 일입니다.
아니, 신비스러운 정도가 아니라 '기적'인지도 모릅니다,
길을 걷고 싶어 했던 두 청년이
길 위에서 이렇게 무사히 돌아왔다는 것은.

의지할 데라고는 하느님밖에 없는
광야에서 보낸 이스라엘의 40년,

의지할 데라고는 하느님밖에 없는
광야에서 보낸 예수님의 40일,

의지할 데라고는 하느님밖에 없는
길 위에서 보낸 우리의 40일.

우리는 그 길에서 하느님을 만났는지도 모릅니다.

우리의 여름을 수놓았던 그 길,
주님과 함께 걸었던 그 길,
주님의 사랑을 느꼈던 그 길.

바로 그 길로
여러분을 초대합니다.

차례

추천의 말씀	저자의 체험이 한 줄기 빛이 되기를 …… · 4
머리말	길을 떠나며 · 7

1부 길 떠남

길 위에 서다 · 20
살구 여섯 알이 가져다준 행복 · 29
도시의 사마리아인 · 37
순대국밥과 막국수, 그 작은 행복 · 46
이름 없는 순례자 · 54
달빛 요정 역전 만루 홈런 · 61
정동진에서 버터플라이! · 66
행복은 충만함이 아닌, 부족함에서 · 74
우리는 대체 왜 걷는 거지? · 80
하회 마을, 박제가 되어 버린 과거 · 85

2부
왜 하필
무전여행
이야?

하느님을 만나는 방법 · 98

환상에서 일상으로 · 103

어느 열성 개신교인의 하루 · 108

누군가에게 무언가를 준다는 것은 · 114

멈추지 않는 빗줄기 · 119

과거와 만나다 · 125

왕 소심 형제의 무전여행 · 132

원기 회복의 시간 · 136

길 위에서 생生을 자축하다 · 141

우리는 왜 성당을 찾았던 걸까 · 145

3부 가난, 가난, 가난

보리빵 다섯 개, 옥수수 다섯 개 · 156

알 만한 신자가 남의 성당에 와서 · 160

청년 엠티라고요? · 165

우리들의 천국, 당신들의 천국 · 171

보성의 차밭에서 · 177

길 위에서의 두 번째 첫 미사 · 185

역에서 노숙한다는 것은 · 189

인연 · 197

전주, 전주, 전주! · 203

잡지에서 본 작은 성당을 찾아 · 209

4부 가난에 대한 찬가

충남으로 들어오다 · 220

댓 씽 유 두 · 225

길 위에서 캠프 준비? · 230

그저 감사할 따름 · 235

아이들과 하나가 되다 · 241

우리가 출발했던 그곳으로 · 248

전의 성당에서의 하룻밤 · 253

오랜만의 해후 · 259

느리게 더 느리게 · 264

광야에서의 마지막 밤 · 270

맺음말 다시, 길을 떠나며 · 276

1부

길 떠남

아무것도 소유하지 않은 사람이
직업적인 친절 이상의 환대를 맛볼 수 있다는 것은,
참으로 놀라운 신비가 아닐까.
어쩌면 우리는 청하는 법을 배움으로써,
베푸는 법을 깨달아 가는 중인지도 모르겠다.
소유하지 않은 사람이 맛볼 수 있는 기쁨,
그리고 베푸는 사람이 맛볼 수 있는 평화.
평범하지만 역설적인 진리가
우리의 몸에 새겨지고 있음을 느낄 수 있다.

쪽지 편지, 첫 번째

나 이제 떠나려 하오
무언가 부족한 듯 돌아다보아도
당신은 이제 그만 가라시는구려
세상 밝힐 등불은 못 되어도
짚 더미에 불 댕길
부싯돌쯤은 되지 않겠느냐면서

나 이제 떠나려 하오
떠난다는 것의 두려움에 멈칫거려도
당신은 이제 그만 가라시는구려
부싯돌 제 혼자 아무것도 못해도
당신 두 손으로 감싸 쥐고
불꽃 내시리라 말씀하시면서

나 이제 떠나려 하오
마지막으로 단 한 번 -
왜 내가 이 길을 가냐고 외쳐 보아도
당신은 이제 그만 가라시는구려
말없이 입가엔 미소 지으며
등어리 조용히 떠미시는구려

나 이제 떠나려 하오
고향이 그리워 눈물 흘리고
힘겨워 발바닥 부르튼대도
끝없이 걸어가야 할
그 머언 길을

이제 그만 갈 때도 된 듯하오
나 이제,
떠나려오.

길 위에
서다

순례 첫째 날, 천안에서 충주까지

대전에서 용태네 집으로 올라온 것은 어제저녁이었다. 오랜만에 보는 반가운 얼굴이었지만, '반갑다'는 말 한마디로는 표현할 수 없는 느낌이 밀려왔다. 글쎄, 불확실한 앞날이 걱정스러워서였을까, 아니면 그저 너무 오랜만에 만나서 느껴지는 서먹한 반가움이었던 것일까. 친구를 만난 기쁨, 약간의 설렘, 앞으로의 여정에 대한 두려움, 그리고 스스로도 알 수 없는 모호한 감정들이 복잡하게 가슴 속에서 소용돌이쳤다. 용태 녀석은 언제나처럼 느긋한 마음이었으리라. 눈앞에 벌어지지 않은 일에 대해 걱정할 필요는 없다는 듯.

그래서였을까. 퍽 오랜만에 만났는데도 우리에겐 별다른 말이 없었다. 짐에 대한 이야기를 잠깐 하고, 카메라에 대한 이야기도 나누었다. 나는 이번에 '아가트 18k' 하나만 가져가기로 결정했고, 용태 녀석은 '베사Bessa'라는 놈을 가져가기로 했다. 용태에게 토이 카메라만의 매력 운운하긴 했지만, 사실은 나도 좀 불안했다. 여행이 끝나기 전에는 결코 결과물을 알 수 없기에.

그러고는 용태의 체취가 구석구석 배어 있는 방에서 그다지 특별할 것 없는 밤을 보냈다. '언제나 그랬던 것처럼' 방바닥에 요를 깔고 이불을 덮고 자는 일상적인 잠자리였다. 이 별다를 바 없는 잠자리가 불과 하루 뒤에는 사무치게 그리워질 줄은 생각도 못했지만 말이다.

그렇게 안락한 하룻밤을 보내고, 아침 일찍 일어나 천안 성정동 성당에서 미사를 드렸다. 여행 중에 얼마나 미사에 참례할 수 있을지는 모르겠지만, 앞으로 한동안은 이처럼 꼬박꼬박 미사를 드리기 어려울 거란 생각이 문득 머리를 스쳤다. '매일은 아니더라도 가끔은 미사에 참례할 수 있을까. 어쩌면 절박한 심정으로 성당을 찾아 헤매게 되는 건 아닐까.'

확실한 것은 아무것도 없었다.

우리는 길 위에 머무를 테니까.

그렇게 미사를 드리고 다시 용태네 집으로 돌아와 용태 어머니께서 차려 주신 아침을 먹었다. 이 아침밥 역시 그리 특별할 것은 없었다. 딱히 기억나는 반찬도 없이, 앞으로 배고플 일이 많을 테니 든든히 먹고 가라는 용태 어머니의 당부만 기억날 뿐이다. 평소였다면 아무렇지도 않았을 그 '따스하고 안락한 무언가'가 하루도 지나지 않아 머릿속을 가득 메워 버릴 줄이야. 별 고민 없이 숟가락을 들 수 있는 소소한 행복. 일상에 묻혀 있는 사람에게는 대수롭지 않은 일이겠지만, 길 위에 있는 사람에게는 최고의 사치라는 사실을 뼈저리게 깨닫고 있다. 단 하루만에 말이다.

사실, 용태네 집을 나서던 발걸음이 마냥 무거웠던 것은 아니다. 걱정이나 두려움보다는 오히려 기대가 앞서 있었다. 엄숙하고 숭고한 의식을 치르는 것 같다고 할까. '내 인생의 한 획이 그어지는 순간'이라고 한다면 조금은 과장이겠지만, '무언가 의미 있고 중요한 일을 한다'는 느낌으로 세상 속으로 발걸음을 뗐다. '과연 이 여행을 잘할 수 있을까, 이 순례를 잘 마칠 수 있을까?' 하는 막연한 생각만을 갖고서.

우리에게 구체적인 계획은 없었다. 우리나라 땅을 한 바퀴 돌아보자는 단순한 생각밖에는. 딱히 정해 놓은 여정도 없이, 우리나라 전도를 보면서 '대충 이리로 가면 되겠구나.' 싶은 곳으로 가기로 했다. 돈을 쓸 수 없으니, 밀도 있는 여행 계획이 불가능했고 또 어디로 가서 무엇을 할지는 그다지 중요치 않았다. 애당초 우리에게 중요한 것은 길 위에 서 있다는 것이었다. 그것이 우리의 유일한 목표라면 목표였다.

물론 길은 단지 길 자체로만 존재하는 것이 아니다. 길은 분명 어딘가를 향하고 있으니까. 목적지가 없는 우리의 길이건만, 그 길 역시 어딘가를 향해야 하는 것은 분명했다. 최종 목적지가 아니라 잠시 들러 가는 경유지라 해도, '40일 동안의 배회'가 되지 않기 위해서라도, 일단은 길 위의 목표가 필요했다.

그래서 처음으로 택한 곳이 병천이었다. 천안을 중심으로 우리나라를 시계 방향으로 한 바퀴 돌아보자는 계획이었으니, 일단은 북동쪽으로 가야겠다는 생각이 들었다. 천안 삼거리 공원에서 역사적인 첫 기념 촬영을 한 뒤, 병천을 향해 하염없이 걷기 시작했다. 전역한 지 얼마 안 되었겠다, 그 뒤에는 공사판에서 막노동도 했겠다, 체력에는 자신이 있었고, 특히 걷는 일에는 나름대로 이력이 나 있다고 생각했다. 그런데 그게 아니라는 사실을 금세 깨달았다. 한 시간, 두 시간이 지나고,

어느덧 땀은 줄줄 흘러내리고, 다리는 점점 아리고, 시작할 때는 거뜬했던 배낭이 천근만근 나를 잡아당기고……. 아름답던 길가의 풍경들이 차츰 눈에 들어오지 않게 되었다. 차라리 아무것도 보이지 않았으면 하는 생각마저 들었다. 내 몸을 내리누르는 중력이 느껴지고, 햇살마저 내 온몸을 쏘아붙이는 것 같았다. 겨우 몇 시간 걷는 일이 이렇게 힘들게 느껴질 줄은 정말 몰랐다.

'군대 행군 때에도 이렇게 힘들지는 않았는데.'라는 생각이 문득 들었다. 목표가 없기에 발걸음이 이다지도 무거운 것일까. 어쩌면, 끝이 보이지 않는 여정 위에서 몸이 지레 겁을 먹었는지도 모를 일이다. 휴식과 평안이 보장되지 않는 길 위이니 말이다. 어쨌든 이 한 가지는 내게나, 용태에게나 분명했다. '생각보다 굉장히 힘들다는 것.'

결국은 히치하이크를 하기로 했다. 용태도 나도 무전여행 경험이 있어서 처음은 아니었다. 오랜만에 해 보는지라 조금 멋쩍기도 했지만, 그래도 결국 누군가가 차를 세워 준다는 것이 신기했다. 아무튼 몇 대인가의 차를 떠나 보내고, 처음으로 차 한 대가 미끄러지듯이 우리 앞에 섰다.

기나긴 여정 중에 처음으로 우리를 태워 준 차,

새까만, 조금은 낡은 레간자.

어쩐지 마음도 좋아 보이는 젊은 형.

땀에 전 우리의 모습에도 조금도 꺼려 하는 표정 없이, 자기 동생도 엊그제 고성에서 부산까지 도보로 14박 15일 여행을 했다면서 만 원을 쥐어 주었다. 그 눈빛은 마치 친동생을 바라보는 듯했다. '사람이란 누군가에게 이렇게 기쁨을 줄 수도 있는 것이구나.'라는 생각이 들었다. 우리를 태워 주고 돈까지 주었다는 사실보다도, 그렇게 따뜻한 눈으로 봐 준 것이 더욱 마음에 와 닿았다.

이후에도 비슷한 경험을 했다. '꼭 아들 같아서', '동생 같은 생각이 들어서', '나도 얻어 탄 경험이 있어서'. 이런 말을 들을 때마다 고맙고 기뻤다. 땀에 전 우리 몰골이 그렇게 보일 수도 있다는 사실이 놀랍기도 했고, 누군가를 그렇게 받아들여 줄 수 있는 마음을 가진 이 땅의 사람들에게 진심으로 고마웠다.

그렇게 몇 번인가 차를 얻어 타고 진천, 금왕, 주덕을 거쳐 충주로 들어왔다. 해지기까지 아직 시간이 남아 있어서 충주댐에 가기로 했다. 어차피 자기 전에는 딱히 쉴 곳도 없는 터라, 어디든 가 보고 싶은 마음이었다. 시내를 가로질러 계속 걷다가 다리가 너무 아파서 히치하이크를 했다. 도보가 얼마

나 느린 이동 수단인지 새삼 실감했다. 걸어서는 도저히 갈 수 없다고 생각했던 길을 차로는 30분만에 갈 수 있다니. 나루터도, 댐도, 무엇보다도 물이 있어서 좋았지만, 딱히 더 쓸 말은 생각나지 않는다. 아리따운 아가씨와 데이트를 온 청년이라면 분명 충주댐의 장관에 대해 넘치도록 할 말이 많았겠지만, 경치는 경치였고 우리는 그저 배가 고팠다.

어쨌든 다시 걷다가, 히치하이크를 해서 충주 시내로 들어갔다. 슬슬 어둠이 밀려들고 있었다. 잘 곳을 찾아 헤매다 기어들어 간 곳은 결국 아파트 계단. 정작 아파트에 사는 사람도 잘 모르는 경우가 많지만, 대부분 옥상으로 올라가는 길에 보면, 작은 방 정도만 한 공간이 있다. 우리는 낯선 아파트의 15층 옥상으로 가는 입구에 자리를 잡고, 뒤엉켜 잠을 청했다. 그렇게 순례의 첫날이 저물고 있었다.

돌이켜 보면 참으로 기나긴 하루였지만, 그 긴 하루가 나도 모르는 사이에 지나가 버렸다는 느낌만 남았다. 무전여행이 처음은 아니었지만, '돈 없이 여행하는 것은 정말 힘들구나.'라는 사실을 절실히 깨달을 수 있었던 하루. 뚜렷한 목적도 없이, 그저 예수님을 따라 40일을 광야에서 보내겠다는 얄팍한 계획은 이미 밑천을 드러내 버렸다. 육체적인 고통도 힘들었지만, 그뿐만 아니라 처음 만나는 사람에게 무언가를 부탁한다는 것이 한없는 부끄러움으로 나를 몰아세웠다.

    이런 것이었나. 나 자신의 존재가 아무것도 아니라는 사실을 깨닫는다는 것은. (6월 17일)

살구 여섯 알이 가져다준
행복

순례 둘째 날, 충주에서 단양까지

아침부터 몸이 영 개운치 않았다. 온 삭신이 쑤셨다. 15층에 사는 주인이 혹시나 올라올까 싶어서 잠을 제대로 잘 수가 없었다. 차가운 돌바닥에 신문지랑 우비를 깔고 몸을 누이는 건 그럭저럭 견딜 수 있었다. 하지만 아주 작은 소리에도 불안에 떨며 눈을 떠야 한다는 건, 정말 괴로운 일이었다. 그래도 하룻밤 나의 집이 되어 준 아파트에 감사해야겠지. 길거리에서 자는 것보다야 훨씬 낫지 않은가. 땅바닥이 구들장이 되고, 하늘이 지붕이 되는 풍류객의 경지에는 다다르지 못했지만, 바람 피해 몸 누일 곳이 있음에 그저 감사해야지.

충주 하면 생각나는 건 역시 교현동 성당이다. 특별히 유명한 성당은 아니지만, 동기인 최완진 마르코가 다니는 성당이기 때문이다. 이정표를 보며 물어물어 성당을 찾을 수 있었다. 아직 이른 아침이라 그런지, 완진이는 성당에 나와 있지 않았다. 한참을 기다리다가 사무장님께 여쭈어 보니, 잠시 뒤에 올 거라고 하셨다. 넓디넓은 정원에 물 주는 모습을 한동안 구경하다가, 유치원에 오는 아이들을 구경하다가, 하늘 한 번 쳐다보다가, 그렇게 시간을 보내다 보니 완진이가 도착했다.

여행길에 나선 지 꼭 하루. 그런데도 아는 얼굴을 만나니 그렇게 반가울 수가 없었다. 이 녀석, 신기하게도 살구 여섯 알을 내민다. 딱히 줄 게 없다면서, 못내 미안한 표정으로. 어젯밤, 용태와 이런저런 얘기를 나누다가 살구가 먹고 싶다는 말을 했었는데 이렇게 눈앞에 생길 줄이야.

무척, 행복했다.
기뻐서 눈물이 날 정도로.
완진이에게도,
알 수 없는 누군가에게도 참으로 감사했다.
샛노란 살구 여섯 알에 이다지도 행복한 건,

역시 길 위에 있기 때문일까.

점심을 사 주겠다는 완진이의 말을 물리치고, 우리는 다시 길을 나섰다. 교현동에 온 건 완진이를 보고 싶어서였지, 밥을 먹고 싶어서 온 건 아니었다고 마음을 다잡으면서 말이다. 앞으로는 어떻게 될지 모르겠지만 처음부터 아는 사람에게 도움을 받으면 안 된다고 생각했다. 어쨌든 살구 여섯 알로 기력을 얻은 우리는 또다시 끝이 보이지 않는 길을 향해 걷기 시작했다. 충주에서 3번 국도를 타고 수안보 쪽으로 가다가, 다시 36번 국도를 타고 청풍에 들러 이것저것 구경한 뒤 단양에 도착했다.

오늘 여정은 정말 힘들었다. 어제 잠을 못 자서 그런지, 먹은 것이 없어서 그런지 조금만 걸어도 금방 다리가 아프고 배가 고파 왔다. 그래도 어떻게든 단양까지는 들어올 수 있었다. 어쩌면 이 땅이 내게 힘을 불어넣어 줬는지도 모른다. 우리 땅이 놀라우리만치 아름답다는 걸 지금껏 모르고 있었다. 오늘 만난 우리 땅은 대전에서 늘 보던 살풍경한 빌딩 숲이 아니었다. 그리 넓지 않은 국도를 따라 걷는 내내 펼쳐진 푸른 나무와 숲, 게다가 쭉쭉 뻗은 산세라니! 관광지라는 이름이 붙은 청풍이 딱히 돋보이지 않았던 이유도, 모든 게 아름다워서 그랬는지도 모르겠다. 꼭 이름난 명소가 아니어도, 길에서 바라보는 산세며 풍광이 너무 아름다워 절로 감탄사가 나왔다. 주변에 핀 이름 모를 꽃 덤불들도 나를 응원하는 듯 정겨웠다. 길을 걷는 동안 만난 모든 것들이 나를 격려하고, 힘을 주려 한다는 느낌이 들었다. 어쩌면 '느린 발걸음'으로 보는 세상이어서 좀 더 아름다워 보였는지도 모르겠다. 어쨌거나 우리는 차를 타고 그 아름다운 길을 휙휙 지나쳐 버리는 여행자는 될 수 없었으니 말이다.

단양에 도착했지만 딱히 갈 곳이 없어서 거리를 헤매다가 성당에 가게 되었다. 우리가 빈손일 때 결국 택하게 되는 건 역시 성당이었다. 하룻밤 묵어갈 수 있냐고 청하는 건 나중 문제였다. 그냥, 성당이 무작정 그리웠다. 약간은 어둑하면서도 가라앉아 있는 분위기. 따스함이 고요하게 맴도는 그 느낌이 그리웠다. 신학생 신분으로 매일 미사에 가며 느끼는 것과는 또 다른 종류의 간절함이었다.

그렇게 단양 성당을 찾게 되었지만, 역시 무얼 해야 할지 알 수 없었다. 성당에 잠깐 들어가서 하염없이 앉아 있다가, 미사 시간을 확인하고 다시 길 위로 나왔다. 오늘은 또 어디에서 잘 수 있을지 막막했지만 일단은 미사에 참례하기로 했다. 그 뒤는 어떻게든 될 거라는 생각과 함께.

미사를 드리기까지 시간이 조금 남아서 허기를 달랠 궁리를 했다. 역시 밥을 청하는 것은 쉽지 않은 일이었다. 아무 식당에나 들어가서 "하느님의 자비로 도와주십시오. 찬밥 한술이라도 좋으니 먹을 것 좀 주십시오." 하고 말하는 건 참으로 어려운 일이다. 차라리 혼자였다면 어쩔 수 없는 절박함에 좀 더 순순히 청할 수 있었을지도 모르겠다. 하지만 둘은 다르다. 물론 둘이라서 좋은 점도 많지만, 아닌 점도 있었다. 우리 둘은 끝없는 회의와 의문과 두려움 속에서 좀처럼 용기를 낼 수가 없었다. 서로 미루는 것은 아니었지만, 적어도 먼저 하고 싶지 않은 것만은 확실했다.

그래도 어쩌겠는가, 배고픔은 '실재'였다. 우리 눈앞에 존재하는 두꺼운 벽이었고, 우리를 짓누르

는 형벌이었다. 우리는 한없이 낮아진 채 밥을 청해야만 했다. 결국 작은 골목 안에서 발견한 칼국수 집. 혹시 찬밥이 있냐는 우리들의 생뚱맞은 물음에 일단 물이라도 한 잔 들고 가라는 아주머니의 마음씨. 아직 장사 준비를 하지 못했다고, 오히려 우리가 죄송할 정도로 미안해하셨다. 무리한 청을 한 것은 가난한 우리인데, 왜 그 아주머니는 미안해하셨을까.

그러고는 이거라도 조금 들겠냐며 부침개를 한 접시 내 오셨다. 어디선가 제사를 지내고 오신 뒤, 방금 가게 문을 여신 것 같았다. 허겁지겁 접시를 향해 달려들고 나자, 이내 포만감과 함께 감사함이 밀려왔다. 그리고 나도 모르게 웃음이 났다. '사람이 이렇게도 행복을 줄 수 있구나. 사람은 사람에게 도움을 받으며 살아가는 존재구나.' 하는 생각이 들었다. 간판조차 제대로 달려 있지 않은 초라한 칼국수 집이었지만, 아주머니의 그 사랑만은 오래도록 기억에 남을 것 같다.

그리고 나서 다시 성당으로 돌아와 미사를 드렸다. 뜻밖의 행운이 겹치는 것일까. 미사를 드리고 나자 수녀님께서 우리에게 숙소는 있냐고 물으셨다. 불과 이틀 만에 갖추게 된, 가난한 여행자의 몰골이 안쓰러워 보였는지 성당 유아실에서 하루 묵고 가라고 하셨다. 신원도 확실치 않은 여행자에게 이토록

단양 성당의 산책길과 유아실.

과분한 친절이라니. 예전에 어느 여행자를 묵게 해 줬더니 카세트를 몰래 가져갔다는 얘기를 들려주시면서도, 우리에게 방을 내어 주게 한 힘은 과연 무엇이었을까? 그걸 사랑이라는 말이외에 달리 뭐라고 표현할 수 있을까.

'선택은 우리 자신의 몫이다.'

과연 이 말은 사실일까. 결정하는 것도 사실은 우리가 아니다. 우리는 우리 앞에 펼쳐지는 미래를 받아들일 수 있을 뿐이다. 주님께서 우리를 위해 모든 것을 준비해 주신다. 문득 그것을 깨닫고 나자 아름다운 단양의 밤거리뿐만 아니라, 먹을 것을 찾아 돌아다니던 우리의 발걸음조차 고귀하게 보인다.

오, 이 신비여.

어제보다 나은 오늘을 마련해 주신 주님께 감사드립니다.

땀에 전 옷을 벗고 샤워를 할 수 있게 해 주었던, 성당 화장실에도 한없는 고마움을 느끼며. (6월 18일)

도시의
사마리아인

순례 셋째 날, 단양에서 원주까지

'이번 여행의 목적은 무엇인가.'

사흘째 되는 날, 잠시 뒤를 돌아보니 처음의 계획과 사뭇 차이가 나는 것 같다. 하긴, 처음에 의도했던 것이 무엇이라고 딱히 꼬집어서 말하기는 어렵다. 그저 길 위에서 40일 동안 순례를 하겠다는, 예수님의 광야 여정을 느껴 보겠다는, 그 정도의 생각이었으니 말이다. 사실 처음부터 40일 동안의 계획을 세웠던 건 아니었다. 신학과 2학년 때 '광야 체험'이라는 이름으로 3박 4일간 무전여행 프로그램에 참가한 적이 있었는데, 그것이 꽤 인상 깊게 남아 있었고, 용태와 이런저런 이야기 끝에 정해진 것이다. 충분한 고민도 거치지 않은 채, 용태도 나도 공사장에서 일하느라 지친 몸 그대로, 이렇게 길 위에 서 있다. 우리의 목적이 무엇인지는 지금도 뚜렷해지지 않는다.

예수님께서는 광야에서 무슨 생각을 하셨을까.
40일 동안 단식하시며 하느님을 만나셨을까.
어느 바위틈에 몸을 누이셨을까.
배가 고프지는 않으셨을까.

엔도 슈샤쿠는 《사해 부근에서》라는 작품에서 유다 광야를 '죽음의 냄새가 나는 곳'이라고 썼다. 누구라도 그 황량한 풍경 속에서 하느님께 간절하게 매달리지 않을 수 없는, '신이 격렬하게 분노하고 심판하며 벌을 주는 장소'가 바로 광야라고 했다.
나는 나의 광야에서 무엇을 보고 있는가. 분노와 징벌, 심판자 하느님을 보지는 않았다. 다만, 한없이 비참한 곳으로 떨어지려 할 때에 나를 향해 내미시는 그분의 손길을 느꼈을 뿐. 그 사랑을 조금 느꼈을 뿐.
우리의 여행이 어떻게 될지, 아직은 잘 모르겠다. 지금까지 뭐가 특별히 잘못되었는지도 모르겠다. 과연 우리 여정의 의

매포 성당에 가기 전에 들른 단양의 도담 삼봉.

미를 누가 제대로 헤아릴 수 있을까. 오직 주님만이 아시리라. 우선은 하느님을 느끼며 살아간다는 것, '길 떠남의 길' 위에 서 있다는 것, 그것만 생각하며 걸어가기로 하자. 이렇게 흘러 흘러 어디론가 가다가, 여정의 끝머리에 다다르게 되면, 무언가 또 다른 생각이 떠오르겠지.

문득, 예전에 헌표와 무전여행을 했던 기억이 떠올랐다. 서울의 한 성당에서 잘 곳을 청했다가, 매정하게 거절당했던 기억. 우리가 신학생이라는 사실을 밝혔다면 달랐을지 모르지만 배낭을 둘러맨 초라한 행색의 유랑객에게 돌아온, 너무도 냉랭한 거절에 가슴이 아팠었다. 서울이라서, 더구나 번화한 시내에 위치한 성당이라서 수많은 노숙자나 걸인들이 찾으리라는 걸 모르지는 않았지만, 그래도 못내 서글펐다. 교회가 세상을 대하는 그 냉랭함이 말할 수 없이 슬펐다. 신학생이든 신학생이 아니든, 행색이 초라하든 그렇지 않든, 우리의 존재는 변함이 없는데 말이다.

이런저런 생각들로 머리가 복잡해져서 길을 걷다가, 우연히 성당과 맞닥뜨리게 되었다. 단양을 나와서 배론 성지로 가던 길에, 커다랗게 쓰인 '매포 성당'이라는 글자가 눈에 들어왔다. 반가운 마음에 물이라도 한 통 청할 겸 길을 건너 성당으로 들어가자, 마당에서부터 커다란 개 한 마리가 우리를 보고서 반갑게 짖어 댔다. 성전에 들어가 잠깐 기도를 드리고 다시 마당으로 나왔다. 물을 떠 가려고 이리저리 기웃거리다가, 웅성웅성 소리가 들리는 건물 안으로 들어가 보았다. 교육관처럼 보이는 건물 안에서 몇몇 교우들이 옹기종기 모여서 라면을 먹다가 우리를 보고는 깜짝 놀라 달려 나왔다. 아마도 교중 미사 후에 무언가 봉사를 한 뒤, 간단히 요기를 하려고 모여 계신 것 같았다. 낯모르는 여행객을 마치 자식처럼 반갑게 맞으시며, 배고플 텐데 라면이라도 들고 가라고 하셨다.

먹는 내내 우리를 향한 관심은 계속되었다. 무슨 목적으로 여

행을 하는지, 집은 어디인지, 학교는 어디인지, 왜 이런 여행을 하는지, 성당은 다니는지……. 푸짐한 떡라면을 한 그릇씩 해치우고, 커피까지 한 잔 마신 뒤에야 아주머니들의 친절 공세(?)에서 벗어날 수 있었다. 시골 인심이 후하다는 거야 익히 알고 있었지만 '요즘 같은 세상에도 그러랴' 싶었는데, 이분들은 그런 의심을 깡그리 날려 주셨다. 굳이 "가장 보잘것없는 이들 가운데 한 사람에게 해 준 것이 바로 나에게 해 준 것."(마태 25,40 참조)이라는 예수님의 말씀 때문이 아니더라도, 배고픈 사람에게 밥 한술 건넬 수 있는 여유와 푸근한 사랑. 이렇게 넉넉한 인심을 어찌 사랑하지 않을 수 있으랴.

부른 배를 두드리며 한참을 걷다가, 배론 성지를 돌아보고, 다시 몇 번의 히치하이크를 했다. 어렵지 않게 원주에 도착한 뒤, 원동 성당에서 저녁 미사를 드리고는 신부님께 잠자리를 청하니, 흔쾌히 별관의 방 한 칸을 내주셨다. 거기다가 밥이라도 사 먹으라며 돈까지 쥐여 주신다. 만약에 거절당하면 성당 옆의 공사장에서 잘 생각까지 하고 있었던 우리에게

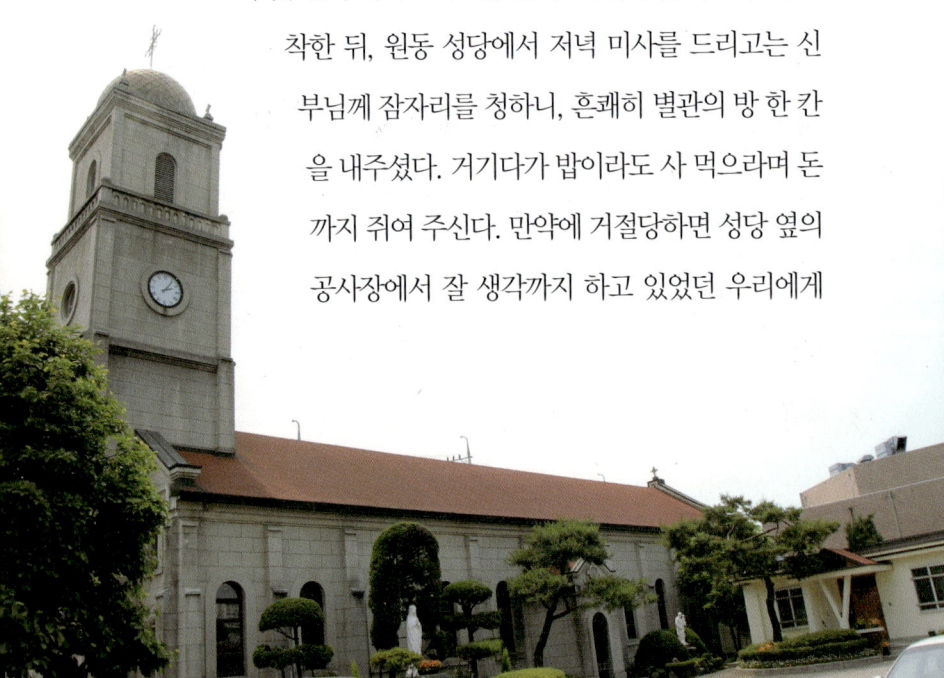

는 그야말로 '기쁜 소식'이었다.

잠자리가 해결되었으니 이제 밥을 해결해야지. 나의 위장은 낮에 먹었던 라면을 벌써 잊어버렸는지, 무언가 먹을 것을 달라고 칭얼대고 있다. 혹시 길에서 돈이 생기더라도 되도록 쓰지 말자는 우리의 결심 때문에 신부님께서 주신 돈은 무용지물이었다. '차라리 밥을 사 주셨으면 좋았을 걸.' 하는 염치없는 생각을 탓하며 밥을 청하러 길을 나섰다. 씻고 나서 옷도 갈아입었지만, 여전히 가난한 여행자 냄새가 나는 우리들. 번쩍이는 불빛 아래에 서니 이방인 처지라는 사실이 더욱 강하게 실감 났다. 교복을 입은 학생도, 양복을 입은 아저씨도 어쩐지 우리와는 다른 세계에 살고 있는 사람들이라는 느낌이 들었다. 이러한 도시에서 우리에게 밥을 줄 사마리아 사람이 있을까…….

길 위에 나선 지 사흘째, 밥을 청하는 것은 정말이지 쉽지 않다. 부끄러움이라는 녀석은 여전히 우리의 얼굴을 가리고, 번번이 우리를 놀려 댄다. 그래도 어쩌겠는가. 배가 고프면 하는 수 없다. 역시나 사마리아인은 도시에도 존재하고 있었다. 먼저 문을 열고 들어간 용태의 뒷모습을 보며, 쭈뼛거리며 따라 들어선 나, 그리고…….

'엄지 김밥'의 우동과 김밥은 그야말로 감동이었다.

빈손으로 들어가 음식을 청했음에도, 따뜻한 김밥에 김이 모락모락 나는 우동을 정말 친절하게 내어 주셨다. 감사한 마음으로 허겁지겁 먹으며, 여행을 시작한 이후 처음으로 먹은 밥다운 밥이라는 생각이 들었다. 찬밥이라도 좋으니 먹을 것을 달라는 청에 이런 성찬이라니. 우리에게는 과분한 호사라는 생각이 들었다. 이분은 왜 우리에게 이런 친절을 베푸는 것일까. 그저, 주님께서 우리에게 주시는 선물이라 생각하며 감사한 마음으로 받아들이면 되는 것일까.

다시 뒤를 돌아보니, 우리는 참으로 행운아라는 생각이 들었다. 어제는 단양에서 잠도 편하게 잤고, 부침개도 얻어먹고, 밤거리를 걸으며 아름다운 것들도 많이 보았다. 하루 사이에 단양이라는 자그마한 도시가, 오래오래 살고 싶은 곳으로 변해 버렸다! 오늘도 매포 성당에서 뜻하지 않게 점심을 얻어먹었고, 오후에는 그토록 아름다운 배론 성지를 찬찬히 둘러볼 수 있었는가 하면, 원동 성당에서 잠자리까지 얻지 않았는가. 이 모든 것이 주님의 도우심이라는 생각이 든다. 우리는 우리 힘만으로는 아무것도 할 수 없음을 느끼고 있다. 아니, 어쩌면 그것을 느끼기 위해 이 길에 서 있는지도 모른다. 그 누군가의 호의가 아니라면, 주님께서 가르쳐 주신 사랑이 아니라면, 우리는 '아무것도' 할 수 없음을 느끼는 지금. 그래서 더없이 감사한 하루. 기쁜 하루. (6월 19일)

순대국밥과 막국수,
그 작은 행복

순례 넷째 날, 원주에서 춘천까지

오전에 일어나서 고로케 하나로 포식했다('크로켓'이라는 표기는 어쩐지 어색하다. 내게는 '고로케'가 더 정답게 느껴진다). 어제 얻어 둔 것이었지만, 더없이 행복한 아침이었다. 물론 갓 나온 따끈따끈한 고로케가 훨씬 맛있는 건 분명한 사실이다. 빵 속에 야채가 송송 박혀 있는 데다가, 카레가 조금 들어가 있고, 기름기 살짝 밴 바삭거리는 그런 고로케. 그렇지만 지금 우리는 하루 지난 고로케로도 마냥 행복하다. 그것만으로도 '왕후의 밥'으로 손색이 없고, 미지근한 맹물이라도 있으면 '왕후의 찬'까지 곁들인 것이나 마찬가지다.

오늘은 진철이가 전역하는 날이었고, 마침 우리는 진철이네 부대 근처를 지나고 있었다. 용태의 핸드폰으로 진철이에게 전화를 해 보니, 의외로 덜컥 받았다. 이제 곧 전역 신고를 하러 간다며 충성 클럽에서 후임들과 이런저런 이야기를 나누고 있다고 했다. 우리가 홍천에 있다고 하니 반가운 목소리로 잠시 뒤에 만나자고 했다. 그렇게 10시가 조금 넘어 진철이 녀석을 만날 수 있었다. 전역 날 우리를 만날 거라고는 생각도 못했겠지. 하긴 우리도 어제까지는 생각도 못하고 있었으니, 예상 밖의 일이기는 마찬가지였다.

드디어 따끈따끈한 예비역 마크를 달고 있는 진철이를 만나게 되었다. 버스 터미널에서 만나서 이런저런 얘기들을 나누다가 "뭘 먹을까?"라는 물음에 용태와 난 이구동성으로 "순대국밥!" 하고 외쳤다. 배가 고플 때면 왜 그렇게 맛있는 음식들만 생각나는지. 길가에 심어진 과일나무를 보며 군침을 흘리고, 길거리에서 음식점을 볼 때마다 눈길이 절로 간다. 따가운 햇살 아래에서 오랫동안 걷다 보면 나도 모르게 길가에 버려진 아이스크림 포장지를 쳐다보게 된다. 그토록 먹고 싶었던 순대국밥은 흔하디흔한 길가 식당에서 팔고 있었고, 우리는 보무도 당당하게 그 안으로 들어섰다. 언제나 공손하고 부끄럽게 청했던 우리였지만, 여전히 가난한 여행자의 몰골이었지만, 그 순간만은 그렇지 않았다. 당당하게 순대국밥을 시키고, 허리를 쭉 펴고 앉아 가벼운 마음으로 음식이 나오기를 기다렸다. 이윽고 뜨거운 국물이 바글바글 끓고 있는 투박한 뚝배기가 나왔다. 거품 속에서 용솟음치고 있는 순대와 내장들이 어쩌면 그렇게 환상적으로 보이던지. 숟가락을 대기가 아까울 정도로 말이다. 내 평생, 그토록 감동적인 순대국밥은 또 없으리라.

진철이를 만나 순대국밥을 먹자니, 문득 첫째 날 저녁 충주에서 애써 완진이를 보냈던 기억이 났다. 우리 여정의 본래 목적에 맞을지는 잘 모르겠지만, 그 순간 중요한 것은 '진철이를 만나고 싶다'는 사실이었다. 그로 인해 여행의 원칙이 어긋났을지도 모른다는 생각이 들었지만, 그래도 어쩌랴. 순대국밥은 그에 따르는 덤, 그것도 아주 과분하리만치 행복한 덤이라고 해 두자.

오늘은 어쩐 일일까. 음식 복이 계속 우리를 쫓아다녔다. 진철이를 아쉽게 떠나 보내고 소양 댐으로 가던 길에, 마치 운명처럼 검정색 매그너스가 우리 앞에 섰다. 처음에는 소양 댐 근처까지만 태워 주려고 하시다가, 우리가 성당에 다니는 청년이라는 사실을 알고 태도가 확 바뀌셨다. 요즘 같은 세상에 참 보기 드문 체험을 한다고, 장하다면서 점심을 사 주겠다고 하셨다. 알고 보니 그분은 춘천 어느 본당의 사목회장이셨다. 성당에 다닌다는 이유 하나만으로 이렇게 황송한 대접을 해 주셨는데, 신학생이라고 말씀드렸다면 당신 집으로 데려가셨을지도 모르겠다는 생각이 들어 웃음이 나왔다.

점심 메뉴는 춘천의 명물 막국수! 오전 10시가 조금 넘어서 진철이랑 밥을 먹었고, 사실 그다지 배가 고프지는 않았지만, 막국수를 사 주신다는 데 거절할 도리가 없었다. 게다가 외지인들은 잘 모르는 특별한 집이란다. 허름하지만 현지 사람들만 주로 가는, 30년도 넘게 막국수를 말아 온 유명한 집이라고도 했다. 사실 지금껏 족발 가게에서 배달해 주는 막국수만 먹어 본 터라 별반 기대를 하지 않았다. 그런데 막상 가 보니 이게 웬걸! 그렇게 맛있는 국수는 처음이었다. 배가 고픈 것이 아니었는데도, 완전히 감동의 도가니에 빠져 버렸다. 기름이 둥둥 떠다니는 국물에 잿빛 막국수는 기가 막히게 잘 어울렸다. 거기에다 동동주까지 한 사발 권하시는 회장님! 당신은 운전을 해야 하니 괜찮다고 하시며, 마치 우리의 마음을 읽기라도 하신 듯 주발을 연거푸 채워 주셨다. 배도 부르고 술도 얼근하게 먹고 나니, 더 이상 바랄 게 없었다. 이러다가 벌 받는 게 아닐까 싶을 정도로 포식을 했다.

오랜만에 빌어먹는 인생에서 탈피해 보니, 느낌이 참 이상했다. 돈을 지불하고 먹는다는 것은, 어떠한 서비스에 상응하는 대가를 지불하는 것이다. 그러므로 돈이 있는 한, 손님은 언제든 마음 편하게 그 서비스를 이용할 수 있다. 돈을 내고 밥을 먹는다는 단순한 행위가 얼마나 속 편한 일인지, 보통 사람들은 결코 이해할 수 없을 것이다. 언제나 청하기만 하던 우리가 이렇게 마음 놓고 밥을 먹으니 뭔가 이상하다는 생각도 들었지만, 정말 행복한 순간이었다.

한편으로는 다른 생각도 들었다. 고객과 주인 사이에는 돈을 매개로 한 피상적인 관계만이 있을 뿐이고, 직업적인 친절 이상의 것은 기대하기는 힘들다는, 그런 생각. 그렇지만 무상으로 누군가에게 무언가를 내어 준다는 것은 전혀 다른 일이다. 간혹 거지에게 밥을 던져 주듯 얼굴을 찌푸리며 도움을 주는 사람도 있긴 했지만, 대부분은 진심으로 기쁘게 내어 주는 것 같았다. 자신의 의지로 타인에게 도움을 준다는 것은, 참으로 아름다운 일인 동시에 기쁜 일이기도 한 것 같다. 남루한 몰골의 우리를 도와주었던 많은 사람들의 미소는 진정 마음에서 우러나온 것이었다. 아무것도 소유하지 않은 사람이 직업적인 친절 이상의 환대를 맛볼 수 있다는 것은, 참으로 놀라운 신비가 아닐까. 어쩌면 우리는 청하는 법을 배움으로써 베푸는 법을 깨달아 가는 중인지도 모르겠다. 소유하지 않은 사람이 맛볼 수 있는 기쁨, 그리고 베푸는 사람이 맛볼 수 있는 평화. 평범하지만 역설적인 진리가 우리의 몸에 새겨지고 있음을 느낄 수 있다.

지친 몸으로 술을 마시고 소양 댐에 올라가니 온 세상이 빙글거렸다. 결코 많이 마신 것은 아닌데, 거나하게 취한 것처럼 몸이 말을 듣지 않았다. 고마운 은인에게 작별을 고한 뒤, 벤치에 누워 우리의 의식에도 잠깐 이별을 고했다. 근처에 사람들이 돌아다니고 있었지만, 염치를 차릴 수가 없었다. 너무나 취했고 너무나 졸렸던 것이다. 그렇게 한숨 자고 났더니 아직 취기는 남았어도 한결 나아진 느낌이었다. 한 시간 정도만 자려고 했는데, 예상을 훌쩍 넘겨 쿨쿨 자기는 했지만 말이다. 이제는 다시 춘천으로 향할 때다.

오늘의 숙소는 춘천시 애막골의 어느 경로당으로 정해졌다. 물론 누가 허락해 준 것은 아니다. 우리가 그렇게 정했을 뿐. 춘천에 도착한 뒤 잘 곳을 찾아 한참을 방황했다. 하루를 길 위에서 꼬박 헤맸기에 더욱 괴로웠다. 하루 종일 짊어지고 있던 배낭은 점점 어깨를 파고들었고, 조금씩 땅거미가 내려앉을수록 마음 역시 점점 조급해져 갔다. 월요일이라 성당은 문을 닫았을 테고, 교회 역시 그럴 것 같았다. 도시 한복판에 절은 없을 것 같고, 그렇다고 종교 단체가 아닌 곳에 잘 곳을 청하기도 뜬금없는 일이고, 이런저런 생각들로 복잡한 가운데 공사장에라도 가서 잘까 하는 생각이 들었다. 마침 괜찮아 보이는 공사장을 하나 봐 두어서 '시멘트 바닥에서 잘 때 스티로폼 보드는 필수인데, 공사장을 뒤져 보면 나오려나.' 하는 생각까지 했다.

우리를 유혹하던 애막골 경로당의 창문.

새벽에 일하러 나오는 아저씨들과 마주치면 좀 난처해지기는 하겠지만, 정 잘 곳이 없으면 어쩔 수 없지 않은가.

용태도 나도 맥이 빠져서 쓰러지려던 순간, 벽돌로 지은 아담한 건물이 눈에 들어왔다. 갈색 나무 현판에 '애막골 경로당'이라는 가지런한 글씨가 적혀 있었다. 예전에 경로당에서 잠을 잤다는 친구의 말이 떠올라 문을 두드려 보았지만, 아무런 인기척도 나지 않았다. '저녁이라서 모두들 집으로 돌아가셨나 보다.' 하는 생각에 실망했지만, 안락한 잠자리에 대한 유혹이 너무 강했다. 무심결에 옆의 창문을 보았더니 잠겨 있지 않은 것 같았다. 손을 뻗어 창문을 밀어 보니, 자연스럽게 스르르 열렸다. 마치 우리가 오기를 기다리기라도 했다는 듯이. 그렇게까지 들어오라고 손짓하는 데야, 이겨 낼 재간이 없었다.

창문을 살포시 열고 들어가, 얌전히 잠을 청했다.

허락도 없이 들어와 정말 죄송합니다, 어르신. (6월 20일)

이름 없는
순례자

순례 다섯째 날, 춘천에서 속초까지

아침에 일어나니 몸이 편치 않았다. 마음이 불편해 밤새 깊은 잠을 자지도 못하고 심지어 경로당에 갑자기 사람이 들이닥치는 꿈을 꾸기도 했다. 우리는 혹시나 사람이 들어올까 싶어 새벽같이 일어나서 길을 나섰다. 내가 너무 소심한 걸까? 떳떳하지 못한 행위에 대해 너무 예민하게 반응하는 것일까? 아무튼 이런 경우 결코 편할 수 없다는 것은 분명했다. 이른 새벽에 길을 나서니 답답한 가슴이 좀 풀리는 것 같았다. 비록 몸은 불편하더라도 마음은 편한 것이 확실히 좋은 것 같다. 적어도 아직까지는.

아침 무렵이 되자, 일단 빵을 얻으러 다녔다. 아침부터 가게를 들어가 공짜로 청하는 건 실례라는 걸 알고 있었지만, 어쩔 도리가 없었다. 첫 손님에 따라서 하루의 판매를 점치는 가게 주인들이 많기에, 아침에 무언가를 청한다는 것은 참으로 조심스러운 일이었다. 하지만 오늘 하루를 버텨 나가기 위해서는 어쩔 수 없었다. 다행히 아침부터 찾아온 순례자에게 기꺼이 빵을 내어 준 마음씨 좋은 빵집 아저씨 덕분에, 힘을 내어 하루를 시작할 수 있었다.

춘천은 도무지 갈피를 잡을 수 없는 동네였다. 가진 거라곤 대한민국 전도밖에 없어 지리를 알기 어려웠고, 목적지가 있는 것도 아니니 사람들에게 물어볼 수도 없었다. 막연하게 이정표를 보며 국도 번호를 찾아갈 수밖에 없었는데, 춘천이 좀 큰 도시라야지. 원주까지도 별문제 없이 잘 돌아다녔는데, 춘천에 오니 갈팡질팡 도무지 종잡을 수가 없었다. 결국은 춘천역으로 가기로 결정했다. 역 주변에 있는 관광 안내소에는 시내 지도가 있으리라는 데 생각이 미친 것이다. 헌데 그놈의 춘천역은 왜 이리 멀리 있는지. 춘천 시내를 이리저리 헤매다가 드디어 춘천역 발견. 지도를 얻은 뒤 시내를 벗어나 춘천 박물관, 인형 박물관, 위도, 의암호, 강원 도립 화목원을 지나서 양

구로 향했다.

  오늘 여정은 참 길었다. 걷고, 걷고, 걷고, 끊임없이 걸었다. 아침에 일어나서 길에 나선 뒤, 오후 4시까지 계속해서 걸었다. 도보 이동은 무전여행의 가장 기본적인 수단이기는 하지만, 계속해서 걷는다는 것은 정말 쉽지 않은 일이었다. 게다가 네비게이션 역할을 하던 용태 녀석이 길을 잘못 들어서 엄청나게 먼 길을 빙 돌아가야 했다.

  그러면 안 되는데 용태에게 좀 짜증이 났다. '단둘이서 여행을 하지 말라'는 말이 떠올랐다. 아무리 친한 사이라도 둘이서만 여행하면 상처를 주고받기 마련이라면서. 설마 그럴까 싶었는데 정말 그랬다. 여행을 시작한 지 며칠 되지도 않았지만, 둘이서 여행을 한다는 건 참 쉽지 않은 일이었다. 서로를 보듬어 주고 이해해야 할 게 많기도 했다. 이렇게 길을 잘못 든 것도 평소 같으면 별일 아닌데, 지쳐 버린 마음에 나도 모르게 속이 상해 버렸다. 겉으로는 드러내지 않으려 노력하고 있지만, 이내 골이 나서 빈정거리고 있는 나. 아, 어쩔 수 없는 나의 한계여.

  함께 여행한다는 건 서로를 알아 가는 길. 여행을 하면 사람의 본모습이 드러난다는 말이 있는데, 정말 그런 걸까. '용태와

지극히 삭막하고 길었던
춘천을 빠져나가는 길.

나는 이 40일의 여행이 끝나고도 예전처럼 친하게 지낼 수 있을까.' 하지만 그런 생각도 들었다. 여행에서 때때로 다른 모습을 보게 된다 하더라도, 그 모습 역시 그 사람의 일부가 아닐까 하는. 여행을 할 때 비로소 본모습이 드러나는 것이 아니라, 그 모습 또한 그 사람의 일부라는 생각. 이전까지 내게 보여 주었던 모습은 가식이 아니라, 보다 나은 사람이 되기 위한 노력이 아니었을까. 친구란, 그 모습까지도 감싸 주는 사이가 아닐까. 사실 나 역시도 용태에게 그런 존재니까 말이다.

그렇게 함께 꼬박 걸은 뒤에, 히치하이크를 해서 양구와 인제를 거쳐 속초로 들어섰다. 다행히 어제 든든히 먹은 덕분에 걸으면서 크게 배고프지는 않았다. 하지만 우여곡절 끝에 속초에 도착했을 때에는 기진맥진, 완전히 녹초가 되어 버렸다. 날이 어둑어둑해질 무렵 지친 몸을 이끌고 성당을 찾았다. 야트막한 언덕 위에 있는 어느 성당에서 미사를 드린 뒤 혹시나 묵어갈 곳이 있는지 여쭙자 신부님께서는 무표정하게 그러라고 하셨다.

하지만 이내 이렇게 물으셨다.

"혹시 신분증 같은 거 있어요?"

우리는 쭈뼛거리며 대답했다.

"네? 아뇨, 지갑을 안 가져와서요……."

"신분증이 없으면 곤란한데요. 누구인지 확인도 안 되고……. 이거야 원."

우리는 서글퍼졌다.

우리에게는 신분증이 없었다. 아니, 있어도 감춰야 했다. 우리가 우리임을 증명해 줄 수 있는 건 세상 어디에도 없었다.

"네……. 알겠습니다."

우리는 힘없이 말하고는, 쓸쓸히 언덕을 내려왔다. 신부님께서 거절한 이유를 잘 알고 있었다. 아무나 받아들일 수 없는 교회의 조심스러운 입장을 잘 아는 우리였다. 그래도 막상 이런 입장이 되고 보니 그냥 말문이 막혔다. 그때부터 우리는 침묵할 수밖에 없었다.

그러고는 밥을 먹을 기운도 없이, 아파트에 기어 올라가 잠을 청했다. 부스럭대며 신문지와 우비를 깔고, 긴 추리닝을 챙겨 입었다. 혹여나 누가 우리의 기척을 알아챌까 봐 아주 조심스럽게 움직였다. 그런데 용태 녀석이 자리에 눕더니 이렇게 말했다.

"사실 나 운전면허증 가져왔어. 혹시 몰라서."

복잡한 기분이 들었다. 그 면허증 하나면 우리는 샤워를 한 뒤 편한 방에서 잠을 청할 수 있었을 텐데. 하지만 내가 신분증을 가져왔더라도, 마찬가지로 꺼내 보이지 않았을 것이다. 우리는 이름 없는 순례자니까. 우리가 누구인지는 결코 중요하지 않으니까. 그저, 길 위에 있는 이름 모를 두 영혼일 뿐. 그리스도를 따르는 순례자라고 이름 붙이기엔 너무나 거창한, 그저 길 위를 걷는.

그래서 나는 용태 녀석에게 이렇게 말할 수밖에 없었다.

"그려."

더 무슨 말이 필요하겠는가.

그래도 이렇게나마 잠을 잘 수 있음에 감사드린다. 앵앵거리는 모기를 벗 삼아. (6월 21일)

달빛 요정
역전 만루 홈런

순례 여섯째 날, 속초에서 강릉까지

어제의 쓰라린 기억도 아직 생생한데, 속초에서 먹을 것을 청하는 일도 순탄하지 않았다. 텅 비어 있는 배 속은 아침부터 먹을 것을 넣어 달라고 재촉했다. 늘 하던 대로 빵집에 신세를 질 수밖에. 그러나 처음 들어간 빵집에서부터 주인아주머니가 냉랭하게 한마디 하셨다.

"아침부터 재수 없게……. 마수걸이부터 공손님이야."

그랬다. 우리는 그날 아침, 재수 없는 공짜 손님이었다.

상처 받을 말은 아니었지만, 그게 사실이었지만, 마음이 울적해졌다. 짜증 섞인 그 반응에, 우리는 속초에 대한 모든 기대를 버리게 되었다. 역시 관광 도시는 어쩔 수 없다면서, 돈 없이는 살 수 없는 거냐고 툴툴거렸다. 씁쓸한 기분으로, 더는 음식을 청할 용기마저 잃은 채 강릉을 향해 발길을 옮겼다.

그렇게 속초에 대해 좋지 않은 기억만으로 길을 걷다가, 그래도 여기까지 왔는데 바다라도 보고 가야겠다는 생각이 들었다. 누가 먼저랄 것도 없이 우리는 바다를 향해 걸었고, 마침내 흐느적거리며 속초 해수욕장으로 들어섰다. 내 고장 충청도의 바다는 대부분 탁한 잿빛인데, 동해의 바다는 눈부시게 파랬다. 눈앞에서 시퍼런 물이 일렁거렸다.

그러나 배고픔은 모든 것을 압도했다. 지쳐 있는 우리에게 그 푸른 바다는, 한 모금의 생수보다 나을 것이 없었다.

그렇게 한참을 바다를 바라보다가, 물이라도 한 통 떠 가려고 해변의 식당으로 휘적휘적 들어갔다.

"아주머니, 저희는 무전여행하는 학생들인데요. 혹시 물 한 통 떠갈 수 있을까요?"

그리고 달빛 요정 역전 만루 홈런.

주인아주머니가 우리를 물끄러미 쳐다보시더니 한 말씀 하셨다.

"학생들, 밥은 먹었어?"

"아뇨."

관광 도시라서 인심이 사납다느니 하며 떠들어 대던 우리가 관광지 한복판에 있는 식당에서 은혜를 입을 줄이야. 식탁에 앉은 우리 앞에 놓인 따스한 밥과 국. 정말이지 하늘에서 내려온 빛과도 같았다. 터럭 하나만큼의 힘도 남아 있지 않은 상태에서, 그 아주머니의 미소와 친절은 눈부신 빛처럼 내 온몸을 가득 채웠다. 언제나 나락의 끝자락에는 주님께서 함께 계신다.

허겁지겁 빈속을 채우고 나니 힘이 솟았다. 사람을 기운 나게 하는 데에는 여러 가지 방법이 있겠지만, 배고픈 사람을 기운 나게 하는 가장 좋은 방법은 분명하다. 밥. 그거면 충분하다. 어제저녁부터 말을 잃었던 우리는 다시 툭툭 말을 뱉어 내기 시작했고, 걸음 역시 조금은 흥겨워졌다. 게다가 식사 후에 들른 빵집에서는 웃으며 커다란 빵을 내어 주셨다. 정말 감사합니다.

속초에 대한 원망 섞인 마음도 그 두 번의 미소에 가볍게 스러져 버렸다.

웃음, 그리고 다시 길 위.

다음 목적지는 강릉이었다. 그곳에는 내가 어렸을 적에 다닌 본당의 신부님이셨던 스페인 신부님이 한 분 계셨다. 문요섭 요셉 신부님. 약간은 통통한 덩치에 언제나 편안한 미소를 지으시던 분. 어렸을 때 신부님 뒤에서 복사를 서던 기억이 났다. 처음으로 새벽 미사 복사를 섰던 날, 강론 시간에 서 있어야 하는지 앉아야 하는지를 몰라 한참 고민하던 기억도 났다. 찾아뵙고 싶었다. 나를 기억하고 계실지는 모르겠지만, 이렇게 커서 신학교에 들어갔노라고 인사를 드리고 싶었다.

문 신부님께서 특별히 예뻐하셨던 소피아 자매를 통해 문 신부님의 전화번호를 알아냈다. 번호를 누르는 동안에도, 신호가 가는 그 짧은 시간에도 가슴은 여전히 두근댔다. 신부님이 나를 기억하고 계실까.

드디어 전화를 받으셨다. 조금은 놀라시면서도 반갑게 대해주셨다. 내가 누구인지는 그리 중요치 않으신 것 같았다. 그저 길 위에 있는 누군가가 당신께 전화를 걸었다는 사실을 중요하게 받아들이시는 듯했다. 당신께서는 아산 병원 바로 옆에 있는 '애지람'이라는 시설에 있다고 하시며, 얼른 오라고 하셨다. 우리는 이미 아산 병원을 지나쳐 와 있었지만, 신부님을 만나기 위해 길을 돌아갔다.

마지막으로 뵌 지 10년도 더 지났지만, 신부님은 여전하셨다. 하나도 변하지 않으셨다. 그 편안한 미소와 어쩌면 나보다 더 오래 쓰셨을지도 모를, 약간은 어눌한 한국말도. 너무도 따스하게 대해 주시는 그분의 친절에 아주 많이 기뻤다. 신부님께서 사 주신 감자탕도, 칼칼한 소주도, 시원한 팥빙수도, 경포대의 야경도, 오랜만의 따뜻한 샤워도, 부드러운 수건도, 보송보송한 이불도.

감자탕과 함께 소주잔을 기울이며 신부님께 우리 이야기를 들려드렸다. 처음에는 잘 기억하지 못하시다가, 부모님 이야기를 해 드렸더니 단번에 기억해 내셨다. 예전에 아버지께서 하시던 가게에서 안경을 맞추셨다면서. 그러자 곧 복사를 섰던 나 또한 기억해 주셨다. 조금은 서먹했지만, 오래도록 이어지는 이야기…….

너무 많은 신세를 진 것 같아서 죄송하긴 했지만, 참으로 반가웠다. 신부님, 감사합니다. (6월 22일)

정동진에서
버터플라이!

순례 일곱째 날, 강릉에서 삼척까지

　애지람에서 문 신부님과 원생들과 함께 미사를 드린 뒤 다시 배낭을 짊어지고 길 위로 나섰다. 과연 문 신부님께 연락을 드리고 애지람에서 잤던 것은 잘한 일이었을까. 알 수가 없었다. 용태 녀석도 입을 다물고는 있지만, 우리의 행동에 확신이 서지 않기는 매한가지인 것 같다. 어쩌면 나보다도 훨씬 더 많은 생각이 들겠지.

　"힘이 드니 점점 편해지는 방법을 찾게 된다. 지금의 여행길과 마찬가지로 인생길에서도 그럴 것 같다. 힘들 때면, 도망가기도 하고 피해 가기도 하고 편할 수 있는 방법도 찾고……. 인간의 나약함이란. 베드로가 예수님을 부인하고 유다가 예수님을 팔았을 때, 그와 같을 수밖에 없는 내 모습에 참 실망스러웠지만 한편으로는 그에 대해 일정 부분 당연하다고 여기고 있었다. '세상은 혼자 사는 것이 아니다.'라는 자기 타협으로 말이다."

- 용태의 6월 22일 일기 중에서

여러 가지로 머리가 복잡했지만, 어쨌든 우리는 다시 길 위에 나섰다. 우리는 끝까지 풀리지 않는 의문을 부여잡고 모호함 속에서 걸어가야 할 것 같다.

남들이 보기에는 미친 짓거리 같기도 하고, 왜 그렇게 하는지 이해가 안 갈 테지만, 그래도 나름대로 '여행의 리얼리티 traveling reality'를 찾아가는 중이라고 할까. 내가 무척 좋아하는 《미국의 송어낚시》라는 책에는 이런 이야기가 나온다.

"쿨 에이드 한 봉지로는 2쿼트 분량의 드링크를 만들게 되어 있었다. 그러나 내 친구는 1갤런(4쿼트)을 만들었기 때문에, 그의 쿨 에이드는 언제나 묽었다. 그리고 쿨 에이드 드링크를 만들 때에는 한 봉지당 설탕 한 컵씩을 넣게 되어 있었다. 그러나 설탕이 없는 내 친구는 한 번도 설탕을 넣어 보지 못했다.
그 애는 자신만의 쿨 에이드 리얼리티를 만들어 냈으며, 그걸로 스스로 만족할 줄 알았다."

― 리처드 브라우티건, 《미국의 송어낚시》 중에서

'물을 두 배로 부어서 희석시킨 쿨 에이드'에도 나름대로의 리얼리티가 있듯이, 우리의 무모한 여행에도 나름의 리얼리티가 있는 것이 아닐까.

처음에는 어떻게 해야 하나 갈팡질팡했지만, 이제는 나름대로 우리의 여행 방식도 잡혀가는 것 같다. 일단 전도를 펼쳐 들면, 대강의 전체 일정이 나온다. '며칠쯤이면 어디에 가 있겠구나.' 그러고는 우리가 들르고 싶은 곳을 나름대로 정해서, 관광 겸, 여행 겸, 순례 겸, 그렇게 돌아다니는 것. 길 위에서의 삶도 슬슬 몸에 익어 가나 보다.

우리의 다음 목표는 정동진. 〈모래시계〉를 보지는 못했지만, 여자 친구가 없어서 손잡고 일출을 보러 올 기회도 없었지만, 정동진이 예쁘다는 것쯤이야 익히 들어 알고 있었다. 물론 여행을 좋아하는 용태 녀석은 진즉에 와 봤다지만. 이제 곧 푸른 동해를 떠나야 하기에 헤엄이나 실컷 치고 가자고 했다. 어쩐지 그래야 할 것 같았다. 해변을 따라 이어져 있는 철책은 우리를 서글프게 만들기도 했지만, 그래도 동해의 물빛은 정말 예뻤다. 정동진역에 도착하니, 바로 코앞에서 바다가 우리를 반기고 있었다. 헤엄 치기에 조금은 이른 시기였지만, 우리는 무작정 바다로 뛰어들었다.

　'아무도 없는 텅 빈 바다였다. 마치 바다 전체가 우리만을 위한 공간인 것 같았다.'라고 다소 낭만적으로 쓰고 싶지만, 해수욕장에는 우리 말고도 한 떼의 남녀들이 있었다. 그래도 우리는 사람들의 시선에 아랑곳하지 않고, 둘 다 팬티만 입고 동해에서 원 없이 헤엄을 쳤다. 살이 바작바작 익어 가도록 따가운 햇살 아래 수영을 하고, 모래를 탈탈 털어 가면서 남겨 두었던 빵도 먹고, 미친 척 공중 화장실에서 샤워도 했다. 웃음이 절로 났다. 미친 듯이 웃어 댔고, 끊임없이 몸을 움직였다. 어제부터 복잡해진 머리를 바람에 훌쩍 날려 보내려는 듯이.

그런 다음 동해시로 향했다. 히치하이크를 한 차가 동해시 한복판에 내려 주었기에, 우리는 대형 마트로 가서 시식 코너를 한 바퀴 돌기로 했다. 열심히 수영을 한 탓인지, 배가 맹렬하게 고파 왔다. 주린 배를 달래기 위해 어쩔 수 없었지만, 꾀죄죄한 몰골로 마트에 들어가는 것은 쉬운 일이 아니었다. 배낭 여행자 차림으로 들어가니, 직원은 물론이고 사람들 모두 우리를 쳐다보는 것 같았다. 아무리 깨끗이 씻어도 몸에선 항상 땀 냄새가 났고, 아무리 빨래를 해도 우리들의 옷차림에선 어딘지 모르게 노숙자 같은 분위기가 났다. 대형 마트는 돈 있는 사람들만을 위한 곳으로 느껴졌고, 무전여행하는 우리는 환영받지 못한다는 생각마저 들었다.

문득 어느 친구가 해 준 얘기가 생각났다. 자기들이 무전여행을 갔을 때, 마트의 시식 코너 아주머니께서 많이 먹고 가라며 고기를 계속 구워 주시더라는. 인정이 사라진 것처럼 보이

는 세상이지만 여전히 따스한 사람들이 모여 살고 있다는 말인가. 배불리 먹은 것은 아니지만 공짜로 먹고 가기도 미안하고 해서, 우리는 예전에 받은 돈으로 막걸리를 딱 한 병 사기로 했다. 애초에 돈은 한 푼도 쓰지 않기로 했지만, 이번만은 예외로 하기로 했다. 이제 곧 강원도를 벗어나니, 어찌 이별주 한잔 하지 않을 수 있으랴.

그런 다음 추암에 가서 유명하다는 촛대 바위를 보고, 삼척으로 들어갔다. 누구는 촛대 바위를 보면 애국가 첫 소절이 생각난다던데, 얼핏 그런 것 같기도 했다. 하지만 명승지라고 해서 특별한 볼거리가 있는 건 아니었다. 우리나라는 어디를 보더라도 아름다운 것투성이니까. 충북에서는 산과 계곡이 그렇게나 아름답더니, 동해에서는 바다를 따라 걷는 길이 또 그토록 아름다웠다. 왼편에 바다를 끼고 걸어 내려오는 길은 마치 일부러 만들어 놓은 관광 코스라고 해도 과언이 아닐 정도였다. 물론 철조망이 둘러쳐져 있어 안타깝기는 했지만, 그래도 그 틈으로 보이는 바다는 정말 아름다웠다.

하지만 그중에서도 제일 좋은 건 어디를 걸어가든 내 곁에 언제나 피어 있는 개망초였다고 하면 좀 우스운가. 어느 동네에 가더라도 피어 있는 녀석, 길가에 핀 개망초. 하얀 꽃잎에 샛노란 동그라미, '계란 프라이 꽃'이라고 불리는 그 녀석이 난 제일 좋다. 어쩌면 나에게 필요했던 것은 웅장한 아름다움보다는 사랑과 친근함을 나눌 누군가였기 때문인지도 모른다.

저녁 무렵에 삼척에 도착했다. 성당을 찾아 미사를 드린 뒤, 어느 아주머니의 배려로 숙소를 구할 수 있었다. 누군가를 도운다는 것은 정말 많은 용기를 필요로 한다는 것을 새삼 실감한다. 사실 그 아주머니도 처음부터 우리를 재워 주려고 했던 것은 아니었다. 그저 우리의 딱한 처지를 안타까워하다가, 다른 교우를 가리키면서 "저분한테 말씀드리면 아마 도와줄 거다."라고만 하셨다. 하지만 결국, 그 아주머니가 우리를 데려가셨다. 그 짧은 순간 동안 아주머니는 무슨 생각을 하셨을까. '가장 가난한 이에게 해 준 것이 바로 나에게 해 준 것'이라는 예수님의 말씀을 떠올렸을까. 어쨌거나 우리를 믿어 주신 그 아주머니께 정말 감사드린다.

아주머니의 안내로 어느 할아버지의 집에서 묵게 되었다. 아마 아주머니의 아버지이신 것 같았는데, 조금은 놀라면서도 허물없이 대해 주셨다. 갑자기 들이닥친 손님을 선선히 받아 주시는 건, 역시 연륜 때문일까. 라면과 밥으로 꿀맛 같은 식사를 한 뒤, 할아버지와 같은 지붕 아래에서 잠을 청했다.

아무것도 청하지 않을 때에도, 주님께서는 언제나 가장 좋은 것을 베풀어 주신다.

그저 감사할 따름. (6월 23일)

행복은 충만함이 아닌,
부족함에서

순례 여덟째 날, 삼척에서 태백까지

방 안에 누워 아침을 맞이한다는 것은 얼마나 행복한 일인가. 눈을 뜰 때 차디찬 아파트의 계단이 아님을 확인하는 것은 참으로 가슴 벅찬 기쁨이었다. 그 행복은 오직 길 위에 있는 자만이 누릴 수 있는, 작지만 커다란 것이다. 자리를 박차고 일어난 자만이 가질 수 있는 소박한 기쁨. 그러나 그 행복이 누군가의 도움으로, 누군가의 희생으로 이루어진 것임을 잊어서는 안 되리라.

아침으로 할아버지께서 내주신 사리곰탕면과 얼음을 맛나게 먹었다. 얼음이 그렇게 맛있는 것인 줄은, 예전엔 미처 몰랐

다. 참으로 시원하고 달콤했다. 에어컨 냉기가 감도는 술집에 앉아 마시는 얼음물과는 다른, 가슴 시린 절절함이 담겨 있었다. 사리곰탕면 역시 감동이었다. 군대에서 야간 근무를 마치고 먹는 라면에 비할 바가 아니었다. 거기다가 배고플 때 먹으라고 챙겨 주신 빵과 따스한 마음까지 받아 들고, 감사한 마음으로 집을 나섰다.

태백으로 가는 길에 어제 샀던 막걸리를 마시기 위해 '미로'라는 동네에 잠시 들렸다. 예쁜 이름이다. 미로. 자그마한 역까지 있는 아담한 동네였다. 우리는 작은 다리 아래 시원한 그늘에 마주 앉았다.

한 잔,

두 잔.

여행에서 최초로 돈을 주고 산 이동 막걸리는 미로의 다리 아래 그늘에서 그렇게 사라져 갔다. 어느 농협의 정수기 옆에 놓여 있던 얇은 종이컵으로 막걸리 사발을 대신했다. 안주라고는 전에 얻은 건빵이 전부였지만, 그야말로 감칠맛 나게 마실 수 있었다. 용태 녀석과 함께 잔을 기울이며, 간만에 행복하게 웃었다. 얇은 종이컵이 젖어 갈수록 막걸리는 비어 가고, 우리의 메마른 가슴 역시 함께 젖어 가고……. 행복은 충만함이 아닌, 부족함에서 나오는 것이던가.

눈을 붙인다고 잠깐 누웠다가 일어나 보니, 시계는 벌써 오후 3시를 가리키고 있었다. 지친 몸은 약간의 술만으로도 금세 취해 버리는 것 같았다. 딱딱한 돌투성이가 바닥이었는데도 세상 모르고 자다니. 얼른 일어나서 채비를 한 뒤 태백을 향해 걸음을 재촉했다.

잠깐 걷다가, 차를 얻어 타고 태백으로 들어갔다. 고지라서 그런지 공기가 차갑게 느껴졌고, 여름에도 모기 하나 없을 것 같았다. 일단은 태백역에서 지도를 얻은 뒤 낙동강의 발원지라는 황지 연못을 보고, 근처의 황지 성당에 미사를 드리러 갔다.

성함도 모르는 황지 성당 신부님께 깊은 감사를 드린다. 우리의 이야기를 따뜻하게 들어 주신 것만으로도 기뻤는데, 교육관까지 내어 주셨다. 거기다가 삼겹살에 소주라도 한잔하라며 3만 원을 쥐어 주셨다. 수녀님께서는 밥과 라면, 과일이며 커피를 잔뜩 가져다 주셨다.

우리가 이런 대접을 받아도 되는 것일까. 우리가 무엇이기에, 당신들은 대체 누구시기에 그렇게 내어 주시는 것일까. 성당에서 미사를 드렸다는 이유 하나만으로, 도움을 청했다는 이유만으로 이렇게 해 주시다니……. 편한 숙소가 마련되고 밥이 해결되었다는 것만으로 우리가 느끼는 큰 감동을 설명할 수는 없다.

'왜 하느님께서는?' 하는 의문이 머리를 맴돈다.

물론 엄청난 것을 우리에게 베풀어 주신 것은 아니었다. 그저 아주 작은 친절, 우리 역시도 일상에서라면 얼마든지 누릴 수 있는 그런 것이었다. 하지만 지금 우리의 상황에서는 얼마나 귀한 것인가. 또한 우리가 받은 것은 무엇보다도 따뜻한 마음이라는 것을 알기에, 더욱 감동적이었다.

믿음이 용기를 필요로 한다는 것을 누구보다도 깊이 체험하고 있는 우리기에, '용기조차 필요로 하지 않는 믿음'은 더욱

황지 연못과 황지 성당

아름다웠다. 너무도 자연스럽게, 너무도 당연한 듯이, 가장 보잘것없는 여행자에게 가장 필요한 것을 내어 주셨다. 병든 자, 가난한 자, 어린이들, 부인들과 함께 계셨던 예수님께서도 그러하셨을까. 사랑이 그 모든 것을 한 것일까. 우리가 할 수 있는 거라곤 그저, 한없는 감사를 드리는 것뿐.

무언가를 소유하면 할수록 베풀기는 더욱 어려워진다. 교회가 풍요로워질수록 가난한 이들에게서는 더욱 멀어지게 된다. 책정한 양만큼의 자비만 베풀 뿐. 하지만 정말 가난한 이들이 청할 때에는 매몰차게 거절해 버린다. 가진 것을 지키기 위해, 그것이 진정 누구를 위한 것인지조차 망각한 채로, 교회는 세상을 향해 닫힌 채 있게 되는 것이다.

진정으로 가난할 때에 우리는 모든 것을 내어 줄 수 있다. 물론 물질의 많고 적음이 문제가 되는 것은 아니다. 그렇지만 렙톤 두 닢을 넣은 과부의 마음을, 부자는 결코 이해할 수 없으리라. '청함으로써 베푸는 것을 배운다.'라는 말로는 우리의 여정을 다 설명할 수 없다. (6월 24일)

우리는 대체
왜 걷는 거지?

순례 아홉째 날, 태백에서 영주까지

어쩐지 우리의 여행이 슬럼프에 빠진 것 같다. 이별주를 마시며 강원도를 떠나 경상북도로 넘어왔다. 그런데 너무도 밋밋한 여행이랄까. 길을 나선 지 얼추 열흘, 처음의 간절함은 어디론가 사라지고 모든 게 당연하게만 보인다.

끊임없는 반복에 지쳐 있었던 걸까. 태백에서 영주로 오는 내내 무수한 생각이 머리를 가득 채웠다. 영주에서 용태의 친구를 만나 냉면을 먹으며 그런 생각은 더욱 진해졌다. 냉면은 정말 시원하고 맛있었지만 '이런 식의 여행이 대체 무슨 의미가 있는가.'라는 생각을 떨칠 수가 없었다. 강릉에서 문 신부님께 신세를 질 때보다 훨씬 더.

그저, 죽도록 고생만 하는 건가.

뻔뻔스러움을 알아 가는 것인가.

혹은 용태 녀석의 말마따나, '전국적인 민폐만 끼치는 것'은 아닌가.

이런저런 생각들로 머리가 어지러웠다. 아마도 용태 녀석의 머릿속도 비슷했으리라. 하지만 아직 아무런 결론도 낼 수 없었다. 처음부터 짐작했던 것이지만, 여행이 끝나기 전까지는 아무것도 알 수 없을 것이다. 그저 지금 내가 '길' 위에 있다는 것. 단지 그것만 의식하며 하루하루 발걸음을 떼어 놓을 수 있을 뿐. 길 끝에 가서 뒤돌아보면, 지나온 길이 다 보이겠지. 그때가 되면 무언가 알 수 있지 않을까.

용태는 무슨 생각을 하고 있는 걸까. 영주로 오는 길에 우리는 점점 말을 잃어 갔다. 서로의 생각이 너무 달랐던 걸까. 그저 친하다는 이유 하나만으로 살을 부대끼며 한 달이 넘도록 붙어 다닌다는 것이 이렇게 어려운 일이었나. 내가 용태에게 불만이 있는 것인가. 자문해 보아도 잘 알 수 없다. 용태의 친구를 부른다는 것을 인정할 수 없었던 걸까. 모든 것이 모호하기에, 용태도 나도 할 말이 없었던 것인지도 모르겠다.

용태는 오늘, 처음으로 담배를 피웠다. 용태가 담배를 핀다는 것은 지금껏 모르고 있었던 사실이다. 내가 담배를 싫어하기에 일부러 피우지 않았던 걸까. 아니면 무전여행에서 담배는 사치라고 생각했던 걸까. 그럴 것까지는 없었지만, 왠지 배신당한 느낌이었다. 용태가 담배를 피우는 모습은 어쩐지 어색했다. 내가 아는 김용태가 아닌 것 같은 느낌이었다. 무슨 말을 해야 할지 알 수 없었다.

"어, 담배를 피웠었네……."

"응……."

그리고 침묵.

혹시 우리는 이 여행이 끝날 즈음이면 '차라리 여행을 떠나지 않는 편이 더 좋았을 사이'가 되어 버리는 건 아닐까.

그 와중에도 오늘의 잠자리가 정해졌다. 영주 하망 성당에서 만난 교우의 집이다. 우리의 청을 받고 수녀님께서 고민하시는 동안 구세주처럼 나타나신 어느 자매님. 무전여행을 하는 우리가 예뻐 보였는지, 당신 집으로 데려가고 싶다고 하셨다. 우리의 어떤 점을 좋게 보신 걸까.

우리는 조심스레 자매님이 사시는 아파트로 들어갔다. 그곳은 참으로 환하고, 편안하고, 안락했다. 걱정이라곤 하나도 없

어 보였고, 모든 것이 제자리에 놓여 있었다. 모든 게 완벽하게만 보였다. 아파트 내부에서 잔다고 생각하니 묘하게 감동적이었다. 계단에서 잠을 청하던 날들이 먼 옛날처럼 느껴졌다. 깔끔한 화장실도, 오랜만에 먹어 보는 가정집의 밥도, 인터넷이 되는 컴퓨터도, 귀여운 아기도, 아파트에서의 순간순간이 감동이었다.

하지만 역시 붕 떠 있는 느낌이었다. 우리가 있어야 할 곳이 맞는지 확신이 없었다고나 할까. 자매님이 아들들에게 우리를 소개해 주고 싶어 했지만, 우리가 그럴 만한 사람이 아니라는 생각 때문이었을까. 자매님은 아마 아이들에게 이렇게 말하고 싶었던 것 같다.

"이 대단한 형들을 보렴. 돈 한 푼 없이 이렇게 전국을 여행하고 있단다."

아마 성당도 잘 가려 하지 않고, 밤낮 컴퓨터 앞에만 있는 아이들이 걱정스러웠나 보다. 아들들 때문에 고민이 많으신 것 같았는데, 그 짐을 덜어 드리지 못해 죄송한 마음이었다.

마음이 완전히 편한 것은 아니었지만, 그래도 안락한 잠자리에서 잠을 청할 수 있다는 건 정말 감사할 일이었다. 자매님은 발갛게 익어 버린 용태를 위해 오이를 잘라 주시기도 했다. 사실 무엇보다 우리를 기쁘게 했던 것은 막내 비야의 모습이었다. 장난감을 들고 왔다갔다 놀아 달라고 보채는 꼬마 아가씨의 모습이 왜 그리도 귀엽고 사랑스럽던지.

그나저나 용태의 피부가 걱정이다. 정동진에서의 수영 이후 완전히 익어 버린 용태의 피부는 원상태로 되돌아올 줄을 몰랐다. 길거리에서 마주치는 사람마다 녀석을 쳐다보고, 스쳐 가는 사람마다 "어머, 저 사람 좀 봐."라고 할 정도였다. 물을 뜨러 식당에 들어가면 아주머니들도 꼭 한 번씩 물어봤다. "왜 그렇게 많이 탔냐?"라고. 굉장히 쓰라릴 텐데, 어찌 해 줄 게 없다. 원래 시꺼먼 내 피부에 감사해야 하는 건가. (6월 25일)

하회 마을,
박제가 되어 버린 과거

순례 열째 날, 영주에서 문경까지

비야네 집에서 눈을 뜬 뒤 아침을 먹었다. 느낌이 이상했다. 길 위에 나선 지 겨우 열흘밖에 되지 않았지만, 가정집에서 밥을 먹는다는 것은 행복하면서도 어색한 일이었다. 그렇게 어색한 행복(?)을 뒤로하고 다시 길을 나섰다. 비교적 수월하게 안동 시내에 도착한 뒤 유명한 하회 마을로 들어섰다. 주말이라 사람들이 바글거렸고, 입구에는 우리를 거부하는 듯 매표소가 버티고 서 있었다. 우리에게 입장료란 아무리 싼값이라 해도 턱없이 과하게 느껴졌다.

하지만 우리가 그냥 물러날쏘냐. 표 받는 분께 사정사정해

서 무료 관람을 할 수 있었다. 다만 돈 없이 관람할 수도 있지만, 무엇보다도 예의를 갖추어서 해야 한다는 뼈 있는 말씀을 들었다. "돈이 없으니 공짜로 들여 보내 달라고 하기보다는, 쓰레기라도 줍겠으니 좀 들여 보내 달라고 청하면 훨씬 좋지 않겠느냐?"라는 것이었다. 생각해 보니 맞는 말이었다. 우리는 항상 받을 생각만 했지, 무언가를 줄 수 있다는 생각은 못 했던 것이다. 명심해 두어야겠다는 생각이 들었다. 무엇을 청하기에 앞서, 우리가 할 수 있는 일은 꼭 찾아보자고.

그렇게 힘들게 하회 마을에 들어섰건만, 전체적인 느낌은 그다지 좋지 않았다. 박제가 되어 버린 과거랄까. 뭔가가 빠져 버린 채, 껍데기만이 마을을 지탱하고 있는 것 같았다. 어디를 둘러보아도 관광객을 잡아끄는 가게들뿐. 어쩐지 '돈'이란 녀석이 참으로 무섭게 느껴졌다. '전통을 지켜 가는 하회 마을' 전체가 관광객들의 돈에 의해 지탱되고 있는 느낌이랄까. 어느 누구라도 어느 곳이라도 결국엔 이렇게 될 수밖에 없겠지. 이럴 수밖에 없는 속된 우리네 삶이란.

마을 끄트머리에 커다란 고목이 한 그루 서 있었다. 썩어서 속이 훤히 들여다보이는 그 나무가 어쩐지 마을의 운명을 암시하는 것 같았다. 오랜 세월을 살아왔고, 장엄한 기개를 지니고는 있지만 사실은 썩어서 텅 비어 버린 나무. 지탱해 주는 것이라고는 썩어 버스럭거리는 껍데기뿐이지만, 스스로도 그 사실을 모르고 있는.

 거기에다 우리의 속을 더욱 뒤집어 놓았던 것은 안동의 명물, 간고등어였다. 어딜 가나 간고등어 가게들이 지천이었다. 고등어 굽는 냄새가 솔솔 풍기고, 동동주 호리병이 즐비해 있는 걸 보니 회가 동했다. 화중지병이 바로 이런 것인가.

 이래저래 쓸쓸한 마음을 가득 안고 하회 마을을 뒤로했다. 어둑어둑한 하늘이 우리의 마음을 알아주기라도 하듯, 비를 흩뿌리기 시작했다. 차창에 어리는 빗방울을 바라보며 문경으로 향했다. 마지막으로 태워 주셨던 분이 수박을 한 덩이 내어 주셔서 그걸 받아든 채 모전동 성당으로 향했다. 히치하이크를 하다 보면, 생각지도 않았던 호의를 입을 때가 있다. 밥을 사 주시는 분도 있고, 자기가 먹으려고 사 두었던 건빵을 한 봉지 주시는 분도 있고, 팔다가 남은 수박을 주시는 분도 있고……. 난데없는 상황에서 자신이 가진 것을 베풀려는 마음은 더욱 아름다워 보이고, 그래서 더욱 감사하다.

 칼이 없어서 수박을 어떻게 먹어야 하나 한참을 고민했는데, 모전동 성당에서 만난 자매님이 칼과 쟁반을 가져다주셔

고목 안에서 바라본 하늘.

서 그분과 함께 맛나게 수박을 먹었다. 비가 추적추적 내리는 가운데, 교리실에 함께 앉아 수박을 나눠 먹는 인연이란. 우리도 그분도 전혀 생각하지 못한 일이었을 것이다. 서로의 인생에서 우연히 마주친 그 순간이란 얼마나 신비하고 소중한 것인가. 비가 조금씩 흩날리던 그 성당에 그 자매님이 없었을지도, 바로 오늘 우리가 그곳에 들르지 않았을지도 모를 일이다. 또 히치하이크를 해서 얻어 탄 차에서 수박을 주지 않았을 수도 있다. 결국 '지금 이 순간'은 여러 요인들이 합쳐서 빚어낸, '신비한 순간'이다. 그것이 바로 '인연'이다.

모전동 성당에는 저녁 미사가 없었다. 자매님께서 점촌 성당에는 저녁 미사가 있다며 그곳으로 가 보라고 일러 주었다. 그리고 내일 그곳에서 성령 치유 피정이 있다면서, 시간이 되면 가 보라고 초대권을 건네주셨다. 갈 수 있을지는 모르겠지만, 어쨌든 주신 것이니 받아 들고 비가 그친 틈을 타서 잽싸게 점촌 성당으로 이동했다. 문경 시내 다섯 개 본당 가운데 저녁 미사가 있는 곳이 겨우 한 개 본당뿐이라니. 청년들이 없는 시골 본당의 서글픔이 온몸으로 느껴졌다. 그나마도 점촌 성당에서의 저녁 미사도 청년을 위한 미사가 아닌, 어른들을 위한 미사였다. 문경시에는 청년들을 위한 주일 저녁 미사가 있는 곳이 한 군데도 없었다. 대전과 천안에 살고 있는 우리는 '참 다른 환경에 놓여 있구나.' 하는 생각이 들었다.

어쨌든 점촌 성당에서 미사를 드린 뒤 수녀님의 호의로 저녁을 배불리 먹을 수 있었다. 짜장면에 부침개뿐이었지만, 정말 행복하고 맛있었다. 게다가 오이며 미숫가루, 초콜릿 등 이것저것 선물도 받았다. 내일 있을 행사 준비 때문에 정신없이 바쁘신 것 같았는데, 이렇게 여행자에게까지 신경을 써 주시니 그저 감사할 따름이다.

저녁을 먹은 뒤 이곳 보좌 신부님께서 욕실을 내어 주셔서 땀내 나는 몸을 개운하게 씻을 수 있었다. 오늘 밤 묵을 노인 회관에서는 씻기가 마땅치 않을 거라면서 말이다. 우리는 한결 가뿐해진 몸으로 성당에 딸린 노인 회관에 짐을 풀었다. 이래저래 점촌 성당에서 많은 도움을 받았다. 오늘은 푹 자고, 내일 다시 활기차게 눈뜰 수 있기를. 노인 회관이라지만, 의외로 안락한 숙소다.

좋구나! (6월 26일)

2부

왜 하필 무전여행이야?

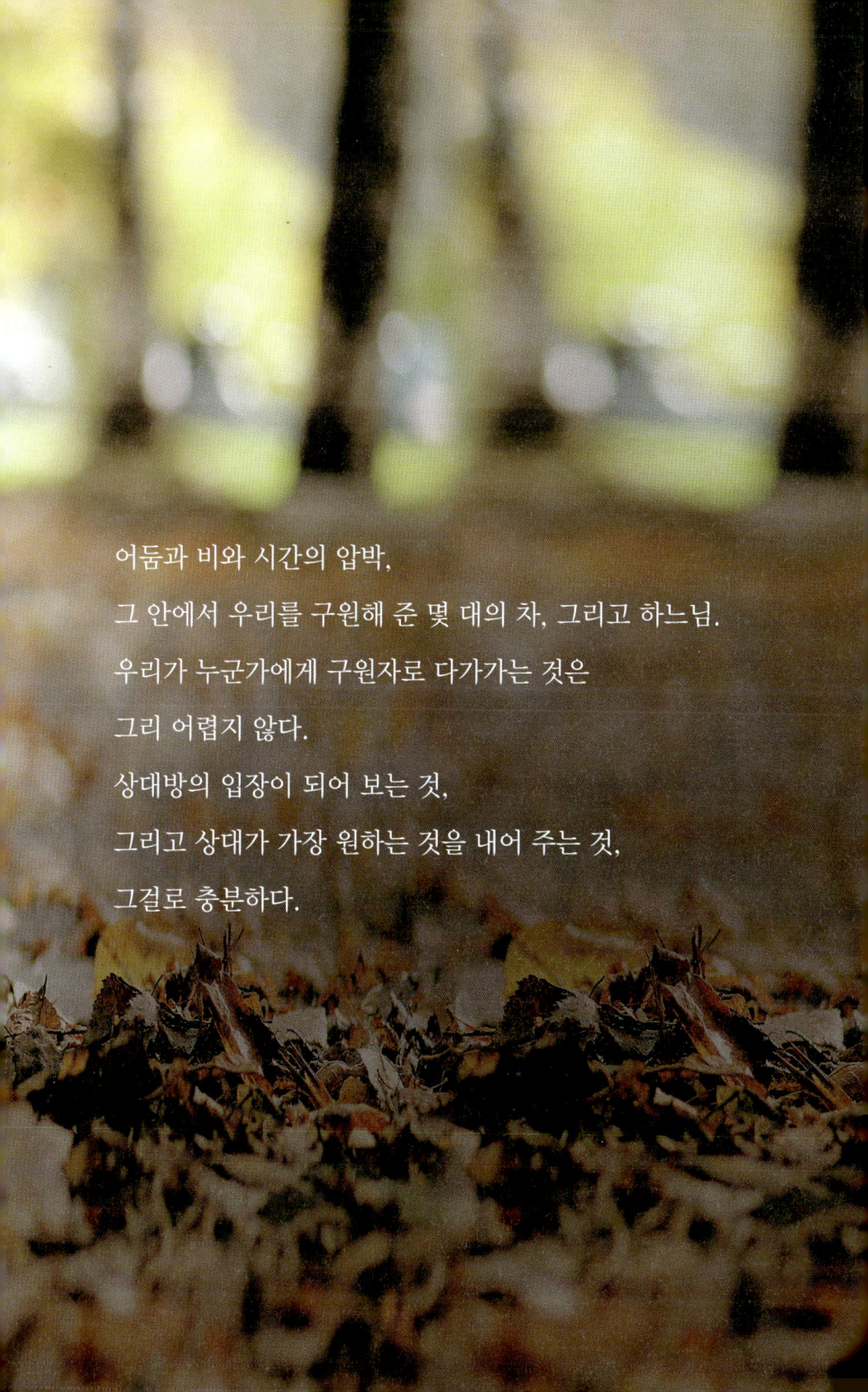

어둠과 비와 시간의 압박,
그 안에서 우리를 구원해 준 몇 대의 차, 그리고 하느님.
우리가 누군가에게 구원자로 다가가는 것은
그리 어렵지 않다.
상대방의 입장이 되어 보는 것,
그리고 상대가 가장 원하는 것을 내어 주는 것,
그걸로 충분하다.

쪽지 편지, 두 번째

그렇습니다. 왜 하필 무전여행이었을까요?
 옛날이라면 모를까, 돈이 만능인 이 시대에 무전여행은 무척이나 낯선 말입니다. 물론 요즘에도 간혹 무전여행을 하는 사람들이 있긴 하지만, 그리 흔하게 볼 수 있는 모습은 아니지요. 게다가 40일 동안이나, 정말로 돈 한 푼 쓰지 않는 여행이라니, 정말 말도 안 되는 것 같습니다. 그럼에도 불구하고 왜 하필이면 무전여행이었을까요?

 이유는 간단합니다.
 아무것도 소유하지 않을 때 가장 분명하게 '하느님 체험'을 할 수 있기 때문입니다.

 이런 여행을 떠나자고 결정적으로 마음먹을 수 있었던

건, 신학교 시절에 체험했던 무전여행이 제 가슴에 너무도 강렬하게 남아 있었기 때문일 겁니다. 당시 대전교구 신학생들은 2학년 여름 방학이면 무조건 4일 동안의 무전여행을 떠나도록 되어 있었습니다. '광야 체험'이라는 이름의 방학 프로그램이었지요. 안면도 성당에서 축복과 파견 예식을 한 뒤, 4일 뒤에 신학교까지 알아서 돌아와야 했습니다.

저희들은 그 체험을 통해서 돈 한 푼 없어도 우리가 살아갈 수 있고, 하느님은 여전히 우리를 돌보신다는 확신을 얻을 수 있었습니다. 그리고 우리가 만나는 사람들이 정말 착하고, 세상은 여전히 살 만한 곳이라는 사실도 새삼 깨닫게 되었지요. 그 짧지만 강렬했던 체험이 저희를 40일 동안의 광야로 나아가게 했는지도 모르겠습니다.

'광야'는 무척 특별한 장소입니다. 성경에서 광야는 본래 이스라엘 백성이 이집트를 떠나 약속의 땅에 이르기까지 40년 동안을 헤맸던 장소입니다. 이스라엘은 이집트의 억압에서 벗어나기를 갈망했고 결국 하느님께서 그들을 구해 내셨지만, 약속의 땅으로 곧바로 들어갈 수는 없었습니다. 그곳에 도착하기까지 정화의 시간이 필요했던 것이지요. 이스라엘 민족은 광야 여정을 거치며 점점 '하느님의 백성'으로 변해 갔습니다.

광야는 정화와 시련의 장소인 동시에 '하느님을 만나는 장소'이기도 합니다. 또한 말 그대로 '아무것도 없는 곳'입니다. 다시 말하면, '내가 지금까지 삶의 기반으로 두어 왔던 모든 것을 잃어버린 곳'이라는 말입니다. 편안한 집, 잠자리, 먹을 것, 풍족한 살림살이, 인간관계, 그 밖의 모든 것을 잃고, '오직 하느님께 의지할 수밖에 없는 곳'이 바로 광야입니다. 이스라엘 백성들은 광야에서 하느님께서 내려주시는 만나를 먹고, 바위에서 샘솟는 물을 마시고, 메추라기 고기를 먹습니다. 하느님께서 돌보아 주시지 않으면 단 한 순간도 살 수 없는 곳이 바로 광야인 것이지요.

광야의 삶은 분명히 힘들고, 고통스럽고, 불편합니다. 하지만 그 고통과 불편함이 바로 하느님께서 우리 안에 개입하실 수 있는 장을 만들어 줍니다. 우리가 더는 견딜 수 없다고 생각하는 바로 그 순간이 하느님께서 다가오시는 순간입니다. 우리가 삶을 위해 이것만은 놓아 버릴 수 없다고 생각한 그것이 사라졌을 때, 비로소 하느님께서 우리 안에서 활동하실 수 있는 것이지요. 역설적으로 표현하자면, 내가 다른 어딘가에 의지하고 있다면 하느님께서는 나에게 다가오실 수 없겠지요.

저의 무전여행은 바로 이런 연유에서 시작되었습니다.
하느님을 만나고 싶었습니다.
이 안에서 하느님을 만날 수 있을 거라 생각했습니다.
물론 이렇게 고상한 생각만 했던 것은 아니지요.
막연히 재미가 있을 것 같기도 했고,
이때가 아니면 언제 또 이런 경험을 해 보나 싶기도 했고,
무언가 의미가 있을 것 같다는 생각도 했습니다.

하긴 이유야 아무려면 어떻습니까,
저는 그렇게 광야를 향해 나아가고 있었으니까요.

하느님을 만나는
방법

순례 열하루째 날, 문경에서 대구까지

아, 정말 힘든 하루.
'성령 치유 피정'에 참가했다. 어떤 자매님의 체험담을 듣고, 안수식을 하고, 신령한 언어로 기도를 하는 시간이 이어졌다. 무척이나 길게 느껴졌던 그 시간들이 풀 수 없는 숙제처럼 다가왔다. 건드리기는 두렵지만, 그냥 지나쳐 버릴 수는 없는 수수께끼.

아무리 생각해 보아도, 성령 세미나에 대해 잘 모르겠다. 솔직히 말하자면, 그 정도로 나의 세계와 동떨어진 것인 줄 몰랐다. 주변 친구들과 교우들이 이런 내 말에 펄쩍 뛸지도 모르지만, 아직은 받아들이기가 쉽지 않다. 내가 느낀 것은 성령 은총의 '충만함'이라기보다는 '이질감' 쪽에 훨씬 더 가까웠으니까. 참석하는 내내 "과연 그들의 하느님이 우리 아버지인가." 하는 질문만이 끊임없이 머릿속에서 맴돌았다. 열광하고 환호하는 그들에게 십자가는 어디에 있는 것이며, 아우구스티노의 깊은 사색은 어디에 있는 것인가. 나로서는 아직 대답할 수 없었다.

난무하는 방언들 속에서 나와 용태는 이방인처럼 우두커니 있을 수밖에 없었다. 한참을 그렇게 서 있다가, '성령 세미나에서 끝까지 쓰러지지 않고 버티는 사람들은 죄다 신학생'이라는 말이 생각나서 쓴웃음을 지었다. 어쩌면 그분들 말처럼 우리가 마음의 문을 열지 않아서, 혹은 머리만 커져 버린 기형아라서, 어쩌면 죄인이라서 이 모양인지도 모르겠다. 우리를 향해 내려오는 성령의 은총을 거부한 탓인지도 모르겠다. 아무튼 분명한 것은, 뜨거워지는 사람들의 열기와는 반대로 우리의 가슴은 고요히 식어 갔다는 점이다.

그리고 보니 내가 만나 본 신부님들 사이에서도 성령 운동에 대한 평가는 극명하게 갈라지는 것 같다. 성령 운동에 공감하시는 분들은 두 발 벗고 신자들을 성령 기도회에 보내시지만, 어떤 신부님들은 당신의 재임 시에는 성령 운동을 엄격히

금하신다. 내 경우, 무조건 성령 운동을 부정하고 싶지는 않다. 오히려 그 안에서 강렬한 체험을 하기를 간절히 바란다. 그런 체험을 통해서 나 역시도 성령 운동을 긍정하고 싶기 때문이다. 내가 체험하지 못한 무언가가 분명히 숨어 있을 것이라는 확신이 나를 강하게 사로잡는다. 그러기에 기꺼이 성령 치유 피정에도 참석했던 것이고. 하지만 아직은 때가 아닌 것일까. 나는 여전히 그 안에서 차갑게 굳어 있었으니 말이다.

용태는 이렇게 표현했다. "목적지는 안 되어도 하나의 이정 표쯤은 될 수 있지 않겠나." 절대적인 목표는 될 수 없겠지만, 선용하면 좋은 신심이 될 수 있을 것이라는 기대. 물론 그 말을 하는 용태 역시 떨떠름하기는 마찬가지인 것 같았다. 그래도 우리는 믿는다. 어떤 연유로 가슴이 뜨거워지지 않았는지는 모르지만, 주님께서는 우리를 결국 선으로 이끌어 주시리라는 것을.

성령 운동에 헌신하는 분들 중에는 오직 성령 운동만이 신심의 전부라고 생각하는 분들이 종종 있는 것 같다. 그만큼 개인적 체험이 크고, 성령 운동이 좋다고 생각하기 때문이겠지만, 행동이 따르지 않는 믿음은 감동을 전해 주지 못한다. 단지 개인적인 치유나 신령한 언어, 또는 기적에만 머무는 신심이거나, 참사랑이 전제되지 않은 신심이라면, 그것은 무의미하다. 사실 내가 주님의 은총을 느낀 것은 그 강연이나 기도를 통해서가 아니라 '친절하고 따스한 마음'을 통해서였으니까 말이다. 많은 분이 성령 운동을 통해 사랑을 만날 수 있다면 좋겠다. 나 역시도.

이런저런 생각을 하면서 비 내리는 문경을 벗어났다. 둘 다 별로 말이 없었다. 피곤하거나 지쳐 있었던 것은 아니지만, 그저 묵묵히 대구를 향해 발을 옮겼다.

그러나 곧, 현실이 우리에게 닥쳐왔다.

차량은 점점 뜸해져 가고, 길은 한참 남았는데 대구는 통 가까워질 줄을 몰랐다. 해는 점점 수그러들고 빗발이 조금씩 우리의 몸을 적셔 가자 불안해지기 시작했다. '설마 대구에도 못 가고 잘 곳도 마련하지 못하는 것은 아닐까.' 하는 길 위의 두려움. 공포나 초조함과는 달리 이건 참으로 설명하기 힘든 느낌이다. 온전히 길바닥에 나앉을 준비가 되지 못해서일까. 아직도 길에서의 불안함은 우리를 짓누르고 있었다.

하지만 언제나 그렇듯, 하느님께서는 우리를 바닥에 내팽개쳐 두지 않으셨다. 이미 어두워진 길에서, 몇 번인가 차를 얻어 타고 무사히 대구에 도착할 수 있었다. 정말이지 '어찌어찌' 대구까지 왔다는 말밖에는 설명할 길이 없다. 어둠과 비와 시간의 압박, 그 안에서 우리를 구원해 준 몇 대의 차, 그리고 하느님. 우리가 누군가에게 구원자로 다가가는 것은 그리 어렵지 않다. 상대방의 입장이 되어 보는 것, 그리고 상대가 가장 원하는 것을 내어 주는 것, 그걸로 충분하다.

어쨌든 우리는 동대구역에 무사히 도착했다. 그리고 역에 앉아 오가는 사람들을 바라보다 용태의 친구에게 전화를 했다. 충주에서 완진이를 부르지 않았던 첫 마음은 어디로 가버렸을까. 여행의 규칙 같은 건 잠시 접어 두기로 했다.

'오기로 되어 있는 누군가'를 기다린다는 건 행복한 일이었다. 적어도 한 치 앞을 볼 수 없는 불안에서는 해방될 수 있으니까 말이다. 기다림조차 행복일 수 있다는 것, 예전엔 분명 몰랐던 사실이다.

'정처 없는 기다림'이란 얼마나 가슴 시린 말인가. (6월 27일)

환상에서
일상으로

순례 열두째 날, 대구에서 포항까지

　어제저녁은 정말 최고였다. 용태의 친구를 만나 저녁을 먹고, 맥주를 마시고, 찜질방에 들어갔다. 맥주를 곁들인 저녁도 좋았지만, 찜질방은 정말 환상적이었다. 대략 사흘에 두 번 꼴로 샤워를 하는 우리의 꼬질꼬질한 여정 중에서 그 넘쳐 나는 따뜻한 물하며, 배낭이며 옷가지에 신경 쓰지 않아도 되는 안락한 휴식하며…….
　찜질방은 그야말로 행복 그 자체였다. 어디를 보아도 땀 냄새라곤 찾아볼 수 없었고, 뜨끈뜨끈한 바닥에 갖가지 편의 시설들이 갖추어져 있었다. 우리가 돈을 낸 게 아니라 용태 친구가 계산을 했으니, 이건 지출이 아니라고 위로하며 들어온 찜질방이었지만, 그런 찜찜한 생각은 이내 말끔히 사라져 버렸다.

그러나 그건 잠시 스쳐 지나가는 행복이었다. 잠에서 깨어 다시 한 번 깨끗이 씻고, 오전 10시가 넘어 옷장 문을 연 순간 모든 환상이 깨어져 버렸다. 그 시큼한 땀 냄새와 퀴퀴한 냄새. 말로 설명할 수 없는 오만 가지 여행자의 냄새가 옷장 가득히 풍겨 나왔다. 공중 화장실에서 틈나는 대로 빨아서 나름대로 볕에 말렸는데도 지독하게 나는 냄새는 다시금 내 처지를 강렬하게 각인시켜 주었다. 어쩌면 어제 비를 맞아서 더 냄새가 나는지도 모르겠다. 그래, 나는 아직도 길 위에 있는 것이다. 깔끔하게 잘 마른 옷은 지금의 내겐 어울리지 않는다. 이윽고 우리는 옷을 주섬주섬 챙겨 입고 흩날리는 비를 맞으며, 그렇게 대구 거리를 걷기 시작했다.

안녕, 찜질방이여.

하룻밤의 꿈을 꾸게 해 준 곳이여, 고맙구나!

찜질방을 나설 무렵, 이미 빗방울이 거리를 적시고 있었다. 장마가 시작되었으니 어쩔 수 없다고 각오는 하고 있었지만, 그래도 비를 맞으며 걷는 건 썩 유쾌하지 않았다. 방금 사우나를 마치고 난 경우에는 더욱. 게다가 오늘 밤 제대로 씻지 못할 거라는 사실을 알고 있는 경우에는 더더욱.

　우리는 경험상 대도시 한복판에서 히치하이크를 하기란 어렵다는 사실을 잘 알고 있었다. 어느 정도 통행량이 있는 곳이면 택시가 서기 일쑤였다. 그래서 대구의 변두리를 향해 걷기 시작했다. 추적거리는 비와 함께 끝없이 걸었다. 정말이지, 끝없는 대구였다. 광역시라서 그런가, 걸어도 걸어도 히치하이크를 하기에 적합한 변두리는 나오지 않았다.

　그래도 모든 일에는 끝이 있는 법. 영원처럼 보였던 대구의 시가지는 이내 사라지고, 마침내 드문드문 차가 다니는 한적한 도로가 나타났다.

　이렇게 쓰고 보니 전혀 실감이 나지 않는다. 단 몇 줄의 글을 가지고, 우리가 겪었던 처절함을 어느 누가 느낄 수 있을까. 아니, 나조차도 훗날 이 글을 읽으면서 당시의 느낌을 고스란히 떠올릴 수 있을까. 그래도 지금은 어쩔 수 없다. 그저 살아내고, 기록하는 수밖에는. 설령 그것이 잊히고, 박제와 같은 기억이 된다고 해도 말이다.

　마침내 포항으로 가는 차를 얻어 탈 수 있었다. 아니, 엄밀하게 말하자면 얻어 탄 것이 아니라, 협박해서 탄 것이라고 하는 편이 옳을지도 모르겠다. 우리를 처음으로 태워 주신 분은 대형 트럭 운전기사였다. 이것저것 물으며 우리 얘기를 한참 듣더니, 자기는 포항까지 안 간다며 다른 차를 세워 주겠다고 하셨다. 히치하이크를 하기에 가장 좋은 사람은 트럭 운전기사라는 이야기를 어느 여행기에서 읽은 적이 있는데, 과연 그렇구나 싶었다. 트럭 운전자가 어느 승용차를 향해 클랙슨을 세게 누르더니 이내 그 차를 길가에 멈추게 했다. 그러고는 우리를 부탁한다는 말을 남기고 훌쩍 떠나갔다.

조금은 황당했지만, 트럭 운전자의 마음 씀씀이가 고마웠다. 물론 이건 어디까지나 우리 생각이었고, 승용차 주인은 달갑지 않은 것 같았다. 포항으로 가는 내내 투덜댔으니 말이다. 물론 우리 마음도 편치는 않았지만, 중간에 내리기도 그렇고 해서 계속 포항까지 가기로 했다.

두 분의 차이는 뭘까. 실제 노고로 따지자면 우리에게 더 큰 도움을 준 사람은 물론 승용차 운전자다. 그렇지만 우리는 트럭 기사에게 더 큰 고마움을 느꼈다. 언제나 느끼는 것이지만, 행위 자체보다는 행위의 의도나 그 안에 담긴 마음이 더 중요하다고 생각한다. 결국 사랑이 없으면 그 행동은 아무것도 아닌 것이 된다.

결국 그 두 분의 도움으로 우리는 포항에 도착했다. 시내를 헤매다가 '열린 교회' 목사님께 부탁하여 지하실에서 잠을 청하게 됐다. 춥고, 습기 차고, 모기가 득시글대는, 그야말로 암울한 곳이었지만, 잘 곳 없던 우리에게는 최고의 안식처라고 해도 과언이 아니었다. 행복과 만족도는 주어진 조건에 따라 크게 달라진다는 점을 우리는 온몸으로 느끼고 있다. 다른 때 같으면 이런 잠자리는 거저 준다고 해도 거절했겠지만, 지금은 그야말로 황공무지로소이다.

그리고 보니 오늘은 한 끼도 못 먹었다. 찜질방에서 나온 뒤 조그만 초콜릿 하나랑 건빵 부스러기를 먹은 게 전부다.

배고프다!

내일은 또 무얼 먹을 수 있을까.

지금은 주어진 잠자리에 집중하고, 감사하기로 하자.

어쨌든 내일은 내일의 태양이 뜰 테니까. (6월 28일)

어느 열성 개신교인의
하루

순례 열셋째 날, 포항에서 호미곶까지

새벽 기도회와 함께 하루를 시작했다. 목사님께서 어제 넌지시 일러 주시긴 했지만, 막상 웅얼거리는 기도 소리에 눈을 뜨니 기분이 묘했다. 암울한 지하실에서 잠을 자는 둥 마는 둥 밤새도록 모기와 사투를 벌이다 보니, 어느새 몇 사람인가 모여 기도를 하고 있었다. 그것도 새벽 4시 20분부터 말이다. 우리가 지하실 뒤편 구석에서 담요를 두르고 누워 있는 동안, 신도들이 앞쪽 단상 주위에 모여서 무어라 중얼거리기도 하고, 가끔은 소리를 높여 기도하기도 했다. 그들은 왜 꼭두새벽부터 교회 지하실에 모인 걸까. 그 기도회가 그들의 삶을 지탱해 주고 있는 걸까.

동이 트기도 전에 시작된 교회의 새벽 기도는 정말이지 특별한 경험이었다. 타인들의 종교에 대해 내가 무어라 말할 입장은 아니지만, 나의 느낌만은 분명했다. 전혀 다른 세상 속에 있는 느낌. 그들만의 세계가 확실히 있고, 나의 세계와는 결코 합쳐지지 않으리라는 느낌. 굳이 비교를 하자면, 어제의 성령 세미나와는 비교할 수 없을 정도로 이질감이 들었다. 하나의 경험이라고 생각할 수도 있고, 정말 좋은 개신교인들도 많이 알고 있지만, 그래도 오늘의 이 체험은 도저히 받아들이기 힘들었다.

기도 소리를 들으며 다시 담요를 뒤집어쓰고 잠을 청했다. 지하실은 여전히 춥고, 습하고, 모기가 득시글거렸지만 그래도 잘 수밖에 없었다. 그곳이 우리에게 허락된 최선의 안식처였으니까.

그렇게 한숨 자고 일어나서 다시 배낭을 메고 거리로 나섰다. 여전히 머릿속이 맑지 않았다. 몽롱한 상태로 용태와 나는 포항 바닥을 죽도록 헤맸다. 엄밀히 말하자면 내가 길을 잘못 들어서 그랬다. 용태가 잡은 길과 다른 쪽을 택했는데, 그게 그야말로 엄청나게 빙빙 도는 길이었던 것이다. 나의 잘못된 선택으로 죽을 고생을 하며 끝없이 걸어갔다. 포항 시내여서 히치하이크를 할 수도 없었고, 그저 배낭을 메고 무거운 발걸음을 옮길 수밖에. (용태 녀석은 이 사건을 두고 여행이 끝날 때까지 놀려 댔다.) 하긴, 춘천에서는 용태 때문에 엄청 헤맸으니 피차일반이라고 할까.

결국은 어찌어찌 길을 찾아내, 한반도 지형에서 호랑이 꼬리에 해당하는 호미곶으로 방향을 잡았다. 중간에 포스코 역사관에 들렀다가, 차를 얻어 타고 호미곶에 도착했다.

하지만 암울한 운명은 계속됐다. 엊그제 저녁에 용태 친구와 밥을 먹고선 지금껏 아무것도 먹지 못했으니, 밥을 구경한 지 벌써 48시간째. 들어가려던 식당마다 문이 닫혀 있고, 겨우 들어가면 거절당하고. 점점 배는 고프다 못해 아파오고, 위장은 먹을 것을 내놓으라고 아우성치고. 어찌할 도리가 없었다. 그동안 먹은 거라고는 조그만 초콜릿 두 개, 미숫가루 조금, 오이 한 개, 건빵 스무 개 정도? 이제는 위경련까지 일어날 정도인데, 이놈의 동네에는 마땅한 밥집도 안 보이고…….

"마음의 번뇌보다 육신의 번뇌가 우선이다. 금강산도 식후경이다. 주님께서는 청하기 전에는 무엇도 주지 않으시기로 작정하신 듯하다. 사람이 사람을 위하고 싶다면 그 사람의 입장이 되어 보는 것만큼 좋은 것도 없을 것이다. 누군가를 돕고 싶다면 우선 그 사람의 입장이 되어 보자. 나로 인해 세상이 아름다워 보일지도 모르니까."

- 용태의 6월 29일 일기 중에서

호미곶은 생각보다 작은 동네였고, '대보 교회'에서 어렵사리 잠자리를 구할 수 있었다. 하지만 밥까지 청하기는 너무 죄송했다. 오늘이 가기 전에 밥 한술이라도 먹을 수 있으려나. 뭐, 굶어 죽지는 않겠지. 주님께서 어떻게든 우리를 지켜 주실 터이니…….

이렇게 적자마자, 교회 앞의 집사님 댁에서 사람이 찾아왔다. 밥을 먹으러 오란다. 이런 놀라울 데가! 서로 도우며 살아야 한다며, 그렇게 사는 것이 정말로 행복하다는 말씀과 함께. 도움의 고리는 다른 고리를 낳고, 그렇게 세상을 아름답게 수놓고, 그 고리가 우리에게까지 이어져 따뜻한 밥 한 사발을 건네주고……. '가장 보잘것없는 사람 하나에게 해 준 것이 나에게 해 준 것'이라는 말씀이 없었더라도 충분히 감동적인 밥이었다. 정말이지 눈물 섞인 밥을 삼킬 수밖에 없었다. 화려하지는 않지만 풍성한 사랑의 식탁. 그야말로 감격스러운 저녁 식사를 했다.

오, 하느님, 감사합니다.
우리가 '갈라진 형제'라고 부르는 그들이,
지금 이 순간 기꺼이 한솥밥 식구가 되어 주는군요.

저녁을 먹고 교회에 가서 함께 수요 저녁 예배를 드렸다. 다행히 이곳 예배는 그리 어색하지 않았다. 아침의 기도회에 비해서는 훨씬 익숙한 느낌이었다. 목사님의 설교 내용도 꽤 좋은 내용이었다. 신부님께서 하셨더라면 '조금 긴 강론'이라는 생각이 들었으리라. 그렇게 예배를 마치고 교회 안에 잠시 앉아 있자니, 조금 서글퍼졌다. 어째서 교회는 이렇게 갈라져 버린 것일까. 어째서 서로 반목하는 것일까. 그분들은 우리가 가톨릭 신학생이라는 사실을 알았어도 이렇게 환대를 해 주었을까. 스스로 이렇게 묻자, 갑자기 가슴이 먹먹할 정도로 시렸다.
교회 뒤편 방으로 돌아와 오늘 하루를 돌이켜 보니 참으로 신기했다. 새벽 기도회로 하루를 시작해서 예배로 하루를 마친, 그야말로 열성적인 개신교인의 하루가 아니었던가. 이를 통해서 하느님께서는 무엇을 보여 주고 싶으셨던 것일까. 잘은 모르겠지만, 한 가지는 분명하다. 예수님께서는 종교에 상관없이 누구에게나 자비와 사랑을 베푸셨으리라는 사실. (6월 29일)

누군가에게 무언가를
준다는 것은

순례 열넷째 날, 호미곶에서 다시 포항까지

우리나라에서 해가 가장 먼저 뜬다는 호미곶. 일출 관람을 위한 광장에는 돌로 만든 손이 하나 있었다. 원래는 그 손가락 사이에서 해가 떠오른다고 했다. 하지만 흐린 날씨 속에서 해는 벌써 하늘 위로 떠오르고 있었다. 조금 아쉽기는 했지만, 그래도 일출은 일출이라며, 새벽잠을 포기한 보람은 있다고 스스로를 위로했다.

교회로 돌아와 짐을 챙기고는 다시 포항으로 발걸음을 옮겼다. 원래는 경주로 가려고 했는데, 죽도 성당에서 저녁 7시 30분에 첫 미사가 있다고 해서 포항에 하루 더 묵기로 했던 것이다. 또 잘 곳이 없어 헤매겠지만, 첫 미사라는데 지나칠 수도 없고…….

그러고 보니 어제저녁 식사 이후로 아무것도 먹지 못했다. 따져 보니 지난 72시간 동안 꼭 한 끼를 먹은 셈이다. 이젠 배고픔에 길들여진 탓인지, 그리 많이 배고프지는 않다. 시장기만 약간 느껴질 뿐……. 아니 어쩌면, 여행 보름 만에 벌써 나태해졌는지도 모른다. 이젠 식당이나 빵집에 들어가 요기 거리를 달라고 청하기도 그렇고……. 하루하루를 이렇게 보내면서, 그저 누군가의 선의만을 바라고 있는지도 모르겠다. 어쩌면 가끔씩 듣는 모진 소리에 상처 아닌 상처를 받아서인지도 모른다. 이제는 익숙해질 법도 한 '탁발'이 여전히 쉽지 않은 것 같다.

지금까지의 경험을 돌이켜 볼 때, '주는 행위'에는 네 가지 종류가 있는 것 같다.

1. 자신에게 필요하지 않지만 대가를 요구하고 주는 것.
2. 자신에게 필요하지 않아 그냥 주는 것.
3. 자신에게 필요하지만 대가를 받고 주는 것.
4. 자신에게 필요하지만 무상으로 주는 것.

가장 많은 건 2, 3번이고, 아주 가끔은 4번도 있는 것 같다.

아니다.

곰곰이 생각해 보면 필요하지 않은 것이 어디 있으랴. 필요함에도 그저 우리에게 주는 것일 테지. 우리의 삶 역시 아무런 대가도 바라지 않고, 그저 모든 것을 내어 주는 삶이어야 할 텐데……. 그런데 그게 쉬운 일은 아닌 것 같다. 나에게 필요하지 않은 것도 내어 주기 쉽지 않은데, 어떻게 내 모든 것을 내어 줄 수 있을까. 지금껏 무수한 사람들의 친절과 호의 덕분에 견뎌 올 수 있었는데도, 여전히 나의 것을 내어 주기란 쉽지 않다. 모든 것이 아니라, 아주 작은 것이라도 마찬가지리라.

머릿속이 복잡한 가운데, 포항으로 다시 돌아와 첫 미사가 있는 죽도 성당을 찾았다. 성당이 제법 크고 규모가 있는 편이었다. 그 느낌은 '첫 미사 후에 먹을 것이 있으리라'는 기대로 이어졌다. 신학교에 입학한 뒤 첫 미사를 몇 번은 다녀 보았으니, 손님 접대가 빠질 리 없다는 것쯤은 알고 있었다.

새로 서품을 받으신 신부님의 성함은 박상일 이냐시오라고 했다. 그분께서 봉헌하시는 첫 미사에 기쁘게 참례한 뒤, 잔뜩 부푼 마음으로 성당 마당으로 나왔다. 중이 염불보다 잿밥에 관심이 있다고 그랬던가. 오늘 우리의 마음이 꼭 그랬다. 그런데 이게 어쩐 일인가! 성당 마당이 썰렁한 것이었다. 성전에 들어갈 때 한산하기에, 미사 시작 뒤에 음식을 준비하겠거니 생각했는데, 그게 아니었나 보다. '하지만 첫 미사에 잔치가 빠질 리가 없는데……' 하고 생각한 순간, 청천벽력 같은 소식이 들려왔다. 축하연은 근처 예식장에서 한다는 것이었다. 아무리 배가 고프다 해도 차마 가난한 여행객의 몰골로 그런 곳에 갈 수야 없지 않은가.

결국 다 포기하고 잘 곳이나 빨리 찾자며 힘없이 성당 문을 나서려던 순간, 보좌 신부님께서 우리를 붙잡으셨다. 하느님께서 우리를 보살피신 것인지, 참으로 기가 막힌 타이밍이었다. 몇 가지를 물으시더니, 꼭 밥을 먹고 가라고 하셨다. 무전여행 중이면 밥도 잘 못 먹고 다닐 텐데 뷔페에서 실컷 먹으라면서 말이다. 그리하여 본당 청년들의 인솔을 받아 어찌어찌 우리도 차를 타고 연회장으로 향했다.

뷔페는 예상보다 훨씬 화려했다. 으리으리한 건물에 엄청나게 큰 홀, 거기에 산더미같이 쌓인 맛깔스러운 음식들까지. 72시간 동안 밥 한 끼를 먹고 이제야 두 끼째니, 굶주린 위장을 어르고 달래며 맛있는 음식을 쓸어 넣었다. 한참을 그렇게 먹다 보니 어느덧 배가 불러왔다. 사실 더 먹을 수도 있었지만,

마지막 남은 이성이 우리를 자제시켰다.

그렇게 밥을 먹고 나니 슬슬 잘 곳이 걱정되기 시작했다. '밖은 벌써 어두워졌을 테고, 잠자리 구하기가 힘들겠는데……. 정 잘 데가 없으면 엊그제 갔던 열린 교회에 다시 가야 하나.' 그런 생각을 하면서 청년들과 이야기를 나누는데, 갑자기 신부님께서 잠은 어디에서 자냐고 물어보셨다. 딱히 정하지 못했다니까 청년 회장 집에서 자면 되겠다고 하셨다. 청년 회장은 형님과 둘이서 지내니 괜찮을 거라면서 말이다. 성함도 모르는 보좌 신부님, 당신은 정녕 천사이십니다!

그렇게 해서 죽도 성당 청년 회장의 집에서 하룻밤을 묵게 되었다. 오붓하니 함께 둘러앉아 시원한 맥주를 마신 뒤 고단한 몸을 안락한 방에 뉘였다. 참으로 잊지 못할 하루, 정말 기막힌 우연이 이어졌던 하루였다. (6월 30일)

멈추지 않는
빗줄기

순례 열다섯째 날, 포항에서 경주까지

'디디디' 하는 가사가 반복되는 〈디디디〉라는 옛 노래가 있는데, 오늘은 그 노래의 가사를 '비비비'라고 바꿔서 부르고 싶다. 하느님께서 어찌 이런 비를 내리시는지. 장마 전선의 영향이라는 데야 어쩔 도리가 없지만, 그래도 여행 중에 비를 만나는 것은 그리 유쾌한 일은 아니다. 그것도 아침부터 저녁까지 하루 종일을 길 위에서 보내야 하는 여행자에게는 말이다.

비는 아침부터 쏟아지기 시작했다. 사실 청년 회장의 집에서 나올 때부터 하늘은 잔뜩 찌푸린 상태였다. 금방이라도 비가 쏟아질 것 같아 조금 걱정이 됐지만, 그래도 아직까지는 괜찮을 거라면서 배낭을 둘러멨다. 하지만 이게 어쩐 일인가! 집을 나선 지 꼭 10분 만에 빗방울이 떨어지기 시작했고, 금세 빗줄기가 굵어졌다. 조금은 젖어도 괜찮다며 강행하려다가, 거센 빗줄기에 못 이겨 결국 어느 아파트 계단에 앉아서 비를 피할 수밖에 없었다.

어느 아주머니께서 지나가다가 우리를 물끄러미 바라보셨다. 젊은 학생 두 명이 쪼그리고 앉아 있는 게 안쓰러워 보였나 보다.

"학생들, 여기서 뭐해요?"

"무전여행 중인 학생인데요, 비가 와서……."

"여행한 지 얼마나 됐어요?"

"이제 한 보름 정도 되는 것 같네요."

"비 오는데 큰일이네. 오늘 잘 데는 있어요?"

뜬금없는 잠자리 이야기. 날이 어두워지려면 한참 멀었는데도, 비를 피하고 있는 우리가 꽤나 마음에 걸렸나 보다. 세를 놓을 빈집이 있으니, 원하면 거기에서 하루 자고 가도 괜찮다는 것이었다. 비도 오는데 여행을 어떻게 하겠느냐면서 말이다.

잠깐 동안 엄청나게 고민했지만, 결국 거절할 수밖에 없었다. 길 위에 선 지 얼마 되지도 않았는데, 벌써부터 '집'을 찾아 들어가는 것은 아닌 것 같다는 생각이었다. 결국 아주머니는 안쓰러운 눈길만을 남기고 사라지셨고, 우리는 빗줄기를 바라보며 하염없이 앉아 있었다. 꽤나 오랜 시간을 앉아 있었던 것 같다. 내리는 비와 함께 흐르는 시간을 느낄 정도였으니 말이다. 그러는 동안 우리는 서로에게 물을 수밖에 없었다.

'아까 그냥 따라갈 걸 그랬나?'

똑같은 질문을 수십 번씩 던지면서, 다시 그 질문을 부정하면서, 그렇게 시간은 흘러갔다. 빗줄기가 살짝 약해진 틈을 타서 우리는 다시 길 위에 나섰다. 약해진 빗줄기는 우비로 견디기에 충분한 정도였다. 조금 불편하기는 했지만, 장대비가 내리지 않는 게 어디냐며 빗속을 걸었다. 그렇게 한참을 걷다가 빗방울이 굵어지면 잠시 몸을 피하고, 빗줄기가 약해지면 다시 걷고, 또 비를 피했다가 다시 걷고, 다시, 다시, 다시……. 그렇게 시 외곽까지 걸어 나가서야 결국 히치하이크를 할 수 있었다.

법무원으로 일한다는 아저씨와 이런저런 이야기를 나누면서 경주에 진입한 무렵, "밥은 먹었느냐?" 하는 반가운 질문이 들려왔다. 밥때는 한참 지나 있었고, 아무것도 먹지 못한 우리는 당연히 배가 고팠다. 아저씨는 어차피 혼자서 밥 먹을 거, 같이 먹자고 하시며 갑자기 차를 돌렸다. 경주에는 '밀면'이 유명하다고 했다. 냉면을 즐겨 먹던 이들이 6·25 전쟁 때 피난을 와서, 밀로 면을 만들어 닭고기 육수에다 말아서 먹기 시작했다고. 이렇게 경상도 지역에서 시작한 밀면이 사람들에게 인기를 얻으면서 이제는 전국으로 퍼지게 되었다고 했다.

과연 경주 밀면이 유명하긴 한가 보다. 아저씨와 함께 어느 골목으로 들어가니 밀면 가게가 연달아 죽 늘어서 있었다. 그중에서 허름하지만 넓은 가게에 들어가서 밀면을 주문하고 한 입을 맛본 순간, 그야말로 감동 백 배! 폭풍 눈물이 흐를 정도였다. 사실 맛도 맛이겠지만, 아침부터 아무것도 먹지 못하고, 오후 3시에 먹는 밥은 정말이지…… 말로 형용할 수 없었다. '시장이 반찬'이라는 말이 진리라는 사실을 우리는 온몸으로 깨닫고 있었다.

그렇게 아저씨와 맛나게 밀면을 먹고 헤어진 뒤, 분황사 모전 석탑을 보러 갔다. 교과서에서 사진으로만 보던 탑을 실제로 보다니 신기한 느낌이 들었다. 관람 시간이 얼마 남지 않아서 오래 머물지는 못했지만, 그래도 깊은 인상으로 남았다. 본래 9층이었지만 많이 훼손되어 지금은 3층밖에 남아 있지 않았지만, 그래도 주위의 나무들 가운데 솟아 있는 탑은 무척 아름다웠다. 우아하고 부드러운 아름다움이라기보다, 박력이 넘치는 아름다움이랄까. 큰 자연석을 쌓은 것도 아니고 작은 벽돌 모양으로 돌을 깎아 차곡차곡 쌓아 만든 탑이었지만, 그리고 반쯤은 무너져 내린 상태였지만, 거기에는 무언가 압도하는 느낌이 있었다. 몰락한 왕가에도 비범한 기운이 느껴지듯, 무너져 내린 탑이었음에도 그 위용이 대단했다.

잠깐 석탑 주변에 머물러 있다가, 성동 성당에서 미사를 드리고, 다시 밤거리를 헤맸다.

그러다가 빵집에서 빵을 약간 얻고, 허름한 아파트의 옥상으로 올라가 잠을 청했다. 그렇다. 일상의 연속이다. 늘 그러하듯.

'언제나'와 마찬가지라고 적고 잠을 자려는데, 결국 일상이 아닌 일이 일어나고야 말았다. 새벽 2시, 어떤 늙수그레한 아주머니 한 분이 술에 잔뜩 취해 올라와서는 주절주절 넋두리를 늘어놓았다. 코를 찌르는 막걸리 냄새, 어딘지 모르게 불안해 보이는 눈동자. 사실 조금은 무서웠다. 계속해서 자기 집으로 가자고 하는가 하면, 우리가 안 가면 자기도 여기에서 잘 거라며 곁에 눕기도 하고……. 알아들을 수 없는 말로 억지를 부리다가, 갑자기 아들 얘기를 꺼내지 않나, 지나온 옛 이야기를 하지를 않나. 그러다가 갑자기 욕을 퍼붓기도 하고……. 영화에서나 볼 수 있는 장면이 우리 일상 속으로 들어와 버렸다.

수십 분간의 실랑이 끝에 아주머니는 겨우 옥상을 내려갔다. 술에 취해서 그랬던 걸까, 아니면 원래 정신이 약간 이상한 분이었던 걸까. 어느 쪽인지 알 수는 없지만, 아주머니에 대한 연민이나 안타까움보다는 두려움과 거부감이 더 컸다. 왜 그랬을까. 길 위에서 타인의 도움으로 살아가는 삶이지만, 여전히 타인을 바라보는 내 마음은 돌처럼 굳어 있는 것일까. 상처 입을까 두려워하는 작은 동물처럼, 그렇게 길 위에서 웅크리고 있는 나였다. 지금 생각해 보면 그날 일은 웃어넘길 만한 해프닝인데, 그 순간 내 마음속에는 두려움과 짜증만 가득했다.

작은 사건 하나가 작은 파문 하나를 일으키고는 다시 수면 아래로 녹아들어 버렸다. 우리의 밤은 이렇게 계속 이어졌다.
(7월 1일)

과거와
만나다

순례 열여섯째 날, 경주에서 울산까지

신라의 고도, 경주. 예전에 수학여행도 와 보고, 가족끼리도 와 보았지만, '내 발로 온 것'은 처음이라는 생각이 들었다. 물론 유적을 구경하기 위한 여행은 아니지만, 그래도 기왕 경주에 발을 디뎠으니 볼 수 있는 만큼은 봐야지. 그리하여 시작된 경주 문화 유적 탐방! 물론 가이드도 없고 차도 없고 입장료를 낼 돈조차 없는, 그야말로 빈티 나는 탐방이지만, 그래도 좋다.

다행히도 경주는 여러 유적들이 가까이에 오밀조밀 붙어 있는 경우가 많았다. 첨성대, 석빙고, 대릉원 등의 유적들을 차례로 둘러보면서, 정말로 볼 게 많다며 감탄하고 또 감탄했다. 그러다가 안압지에서 무료 관람은 절대로 안 된다고 퇴짜를 맞고, 경주 박물관으로 향했다. 매표소에서 내세울 건 역시 무전 여행자의 뻔뻔함뿐이었다. 물론 지난날의 교훈을 잊지 않고, 쓰레기를 줍겠다는 이야기도 빼놓지 않았다.

그렇게 박물관에 들어가서 나오는 데까지 장장 네 시간이 걸렸다. 자세히 살펴본 것도 아니고, 그냥 슬쩍슬쩍 훑어 보는 정도였는데……. 이건 뭐, 중앙 박물관에 가면 열 시간 이상은 걸리겠군. 루브르 박물관이나 대영 박물관 같은 곳에 가면 일주일도 모자라겠고. 장장 네 시간 동안 진이 다 빠져 버린 느낌이었다.

물론 주의를 기울여서 보는 건 꽤나 힘든 일이기는 하지만, 그래도 기꺼이 감내하고픈 고단함이었다. 언제나 문화유산을 보노라면 오묘한 기분이 든다. 과거와의 대화라고 할까. 그 과거가 이곳에서 되살아나는 느낌이랄까. 예술적 심미안 같은 것은 없을지라도, '혼이 담긴 작품'을 만나면 마음속에 감동이 모락모락 피어난다. 금강역사의 얼굴을 보고 있으면 그 강인함과 기백이 내 안에서 절로 살아나고, 부처님의 모습을 보면 그 자비심이 몸에 퍼져 간다. 자세한 설명도 필요 없다. 그냥, 그렇게 되는 것이다.

아마 이래서 '조국'이라는 것이 중요하구나 싶다. '지금 여기의 나'는 역사와 동떨어져 '홀로 존재하는 나'가 아니다. '나'라는 존재 안에는 분명히 수천 년 전부터 이어져 내려오는 한민족의 피가 흐르고 있고, 내가 지금 살고 있는 세상 역시 한반도 땅이다. 나는 수직적으로도, 수평적으로도 '한민족, 한국인, 한국'과 소통하면서 살 수밖에 없는 존재인 것이다. 다시 말하자면, 그런 삶을 통해 한국인으로서의 고유한 리얼리티가 우리 안에 자연스레 존재하게 된다. 터키의 아나톨리아 유적이나 잉카 아즈텍 문명을 보면서, 우리가 '그들'만큼 느끼지 못하는 것은 당연하지 않은가. 한국인이 아니라면 느낄 수 없는, 무언가 충만한 느낌을 안고 박물관을 나왔다. 이제는 경주와도 작별할 시간. 그토록 먹고 싶었던 경주빵을 결국 먹어 보지 못하고 떠나다니, 자꾸 아쉬운 마음이 들었다.

울산은 내가 예전에 살았던 곳이다. 그래서 이름만 들어도 항상 그리운 느낌이었는데, 막상 도착해 보니 좀 서먹했다. 초등학교 3학년 때까지 살았던 동네인데도 기억이 전혀 나지 않았다. 동네 이름도 거리도 모든 것이 낯설기만 했다. 15년의 시간이 흐르기는 했지만 이렇게나 새까맣게 잊어버리다니. 어쩐지 나라는 사람의 한계가 느껴지는 것 같았다. 기억에 남아 있는 거라곤 오직 '야음3동', 어딘가에 있을 내가 살던 집과 그 앞에 있던 '남부국민학교(초등학교)'와 '신선산'뿐.

그런데 정말 신기한 일이 일어났다. 변변한 지도 하나 없이 길을 찾을 수 있다니. 딱히 지도를 구할 곳이 없어서, 처음엔 그저 맨몸으로 울산 거리를 걸었다. 그렇게 정처 없이 길을 걷다 보니 '야음동'이라는 이정표가 눈에 들어왔다. 연어의 회귀 본능은 아니련만, 나도 모르는 힘에 이끌려 그 길에 접어든 것일까. 예상 외로 수월하게 전에 다녔던 야음 성당을 발견하고는, 그 앞에 잠깐 앉아 다리를 쉬게 했다.

묘한 느낌이었다. 그리 멀리 떨어지지 않은 곳에 내가 살던 집이 있다니. 여행을 시작할 때만 해도, 계획에 없었던 일이다. 아니, 그 집을 언젠가 다시 볼 거라는 생각조차 못하고 있었다. 그런데 그 집이 바로 내 앞에 기다리고 있었다. 무계획의 여행이 가져다준 우연한 선물일까, 아니면 하느님께서 허락하신 운명적인 선물일까.

그렇게 15년 전에 살던 집을 찾게 되었다. 자그마한 2층짜리 단독 주택. 2층엔 주인이 살았고, 우리 가족은 1층에 세 들어 살았더랬다. 집은 여전했다. 그곳 마당에서 햇볕을 쬐며 책을 읽곤 했었는데……. 형이 학교에서 돌아오기를 기다리며, 어머니께서 퇴근하고 돌아오시기를 기다리며, 아무도 없는 텅 빈 집이 무서워서 햇살 가득한 마당에서 책을 읽곤 했던 그 시절이 갑자기 떠올랐다. 열쇠를 잃어버려서 울고불고 난리를 치다가, 결국 학교 책상 서랍 속에서 열쇠를 찾았던 기억도. 바로 옆의 남부국민학교에서 뛰놀던 기억도, 신선 문구사와 학생 문구사에서 '깐돌이' 아이스크림을 사 먹던 기억도, 신선산에서 메뚜기를 잡던 기억들도. 20원을 넣고 걸던 공중전화도 여전히 그대로였다. 제일 친한 친구가 살던 진주 아파트도 여전했다. 모든 것들이 순식간에 나를 과거로 빠져들게 만들었다.

달라진 것도 있었다. 온통 주택뿐이었던 동네에 아파트가 많이도 들어서 있었다. 내 기억에 남아 있던 것들은 여전히 그대로였지만, 내가 기억하지 못하는 다른 것들은 모두 변해버린 것 같았다. 뭐가 달라졌는지 딱히 꼬집어서 말할 수는 없지만, '달라졌다'는 느낌만은 확연하게 감지할 수 있었다. 뭐라 설명할 수 없는 복잡 미묘한 느낌이 나를 사로잡았다.

그렇게 잠시 상념에 빠져 있다가 다시 야음 성당으로 돌아오는데, 이게 어쩐 일인가! 중학교 때 친구, 정해상을 만났다! 중학교 시절 가장 친했던 친구. 항상 뭉쳐 다니며 농구하고, 게

임하고, 놀러 다녔던 우리. 그 녀석을 울산의 거리 한복판에서 만나게 된 것이다. 해상이는 유타에 있는 브리검 영 대학교를 다니다가 지금은 선교사가 되었다고 했다. 동생도 마찬가지란다. 그리고 보니 옷차림도 흰 셔츠에 검정 양복바지, 동네에서 자주 만났던 '예수 그리스도 후기 성도(모르몬교)' 선교사의 옷차림 그대로다. 하긴, 어려서부터 교회에 열심히 다녔으니까…….

나나 용태의 경우, 모두에게 사랑받고 존경받는, 어찌 보면 우러러 보이기까지 하는(?) 길을 걸으려는지도 모른다. 하지만 한국에서 모르몬교라면 배척의 대상일지도 모르는데, 그럼에도 불구하고 자신의 믿음을 전파하기 위해 그렇게 뛰어다니는 모습이 정말 대단해 보였다. 방법이야 어찌 되었든, 또 교리의 내용이야 어찌 되었든, 그 열정과 굳은 믿음만큼은 정말 좋아 보였다. 그래서일까. 후일을 기약하며 돌아서던 친구의 뒷모습은, 마지막 포옹만큼이나 오래도록 기억에 남을 것 같다. 잘 지내기만을 바랄 뿐!

다시 야음 성당으로 와서 학생 미사를 드리고 신부님께 잠자리를 청하니, 의외로 흔쾌히 허락해 주셨다. 성당 옆의 컨테이너 박스에 짐을 푼 뒤, 저녁을 얻으러 다시 거리로 나왔다.

낮에 눈여겨 봐 두었던 빵집을 하나씩 도는데, 이것 참 낭패다. 문이 닫혀 있는가 하면, 아르바이트생밖에 없어서 마음대로 주지 못하기도 했다.

그렇게 거듭 실망하며 빵집을 돌았는데, 역시 하느님은 우리를 그냥 버려두지 않으셨다! 마지막 집인 하이밀 베이커리에서 그야말로 '역전 만루 홈런'을 터뜨렸다. 밥을 못 먹어서 어찌하느냐며 안쓰러워하시더니, 잠자리는 있냐고 걱정해 주시고, 게다가 내일 아침까지 먹으라고 빵을 한 아름 안겨 주시는 것이 아닌가. 그야말로 감동의 물결이었다. 덕분에 마음까지 부른 상태로 편안한 침대에서 둘이 꼭 붙어서 잠을 청했다. 아침부터 저녁까지, '과거와의 만남'으로 충만했던 오늘이 이렇게 지나가고 있었다. 하느님 감사합니다! (7월 2일)

왕 소심 형제의
무전여행

순례 열일곱째 날, 울산에서 부산까지

새벽 미사를 드리고 일찌감치 출발하려 했지만, 너무 피곤했는지 8시가 되어서야 눈이 떠졌다. 어제 특전 미사를 드렸으니 굳이 주일 미사를 따로 드릴 필요는 없다고 서로를 다독이며, 주섬주섬 짐을 챙겨 일어났다. 그렇게 밖으로 나와서 걷다가, 비가 오면 피했다가, 또 걷고 걷다가, 결국 히치하이크를 해서 부산까지 내려왔다.

부산에는 작은 이모가 살고 계신다. 부산에 온 김에 오랜만에 전화를 드렸지만 받지 않으셨다. 한 번, 두 번, 세 번 전화해도 받지 않으셨다. 포기해 버릴까 하던 찰나에 결국은 전화를 받으셨다. 엄청 반가운 목소리로 부산까지 왔으면 얼른 오라는 말씀에 염치 불구하고 이모네 집을 찾아가기로 했다. 게다가 하루 이틀 내리다 그칠 비도 아니고 장마라고 하니까. 우리의 본래 취지에는 어긋난 것도 같지만, '이왕에 이렇게 된 거, 어쩌겠는가.'라고 스스로 되뇌면서.

부산 노포동 터미널에 내려서 부산대까지 계속 걷기 시작했다. 비가 내릴 듯 말 듯하더니 결국 부산대 근처에 이르러 퍼붓기 시작했다. 하는 수 없이 지하철을 타기로 했다. 이미 시내권에 접어들어 히치하이크하기가 어려울 테니까. 지하철역으로 내려가자, 다시 고민이 시작되었다.

'어떻게 타야 하는가?' 수도 없이 고민하고 머리를 쥐어짰지만, 답이 안 나온다.

'역무원 아저씨한테 사정을 해 볼까?'

'지나가는 사람을 붙잡고 차비를 달라고 해 볼까?'

'무임승차를 해야 하나?'

어찌해야 하나 고민하다가 결국 무임승차를 하기로 결정했다. 아무렇지도 않은 척, 승강구 옆 쪽문을 열고 들어가기로 했지만 CCTV가 노려보고 있었다. 이미 마음먹었으니 어쩔 수 없었지만, 그리 유쾌한 경험은 아니었다. 아무래도 찝찝하고, 죄짓는 느낌도 들고. 색다르긴 하지만, 그리 좋은 경험은 아닌 것 같다. 역시 죄짓고는 못 산다는 체험적 진리(결국 여행이 끝난 후에 익명의 편지를 보내 무임승차의 대가를 지불했다).

몸은 편했지만 마음은 불편한 지하철 여행이었다. 밖으로 나올 때에도 고민에 고민의 연속. 이번에도 역시 승강구 옆의 쪽문을 열고 나왔다. 한 번 했던 일이라 좀 쉬울까 했지만, 여전히 부끄럽기는 마찬가지. 모두가 나를 쳐다보는 것 같고, 역무원이 뛰어나와 우리를 잡을 것 같고. 그래도 지하에 계속 머무를 수는 없으니, 결국 밖으로 나오고야 말았다. '왕 소심 형제의 무전여행', 우리에게 딱 어울리는 말이다.

부경대역에서 이모를 만나 이모네로 갔다. 긴 여행의 중간에 잠시 쉬어 가는 것도 그리 나쁘지는 않겠지. 길 위에 있다가 이모네로 들어가니 별천지에 온 것 같은 느낌이다. 메트로 시티라는 아파트 이름부터 뭔가 멋져 보였다. 단지도 엄청나게 넓고, 집도 넓고, 방도 많고, 거실도 넓고, TV도 크고. 게다가 창밖으로 광안 대교가 보였다. 이런 곳에서 신세를 져도 괜찮은 걸까.

갑자기 내가 '이방인'처럼 느껴졌다.

용태는 어떻게 느끼고 있을까.

우리, 이래도 괜찮은 걸까.

그래도 오래 주린 끝에 먹는 뷔페는 정말 행복했다. 생전 먹어 보지 못했던 달팽이 요리도 있었고, 이름을 알 수 없는 요리들도 많이 있었다. 눈물이 날 만큼 감동적이었다. 그토록 간절히 바라던 것들이 눈앞에 가득 펼쳐져 있다니. 우리는 정신없이 먹기 시작했다. 참으로 맛있었다. 고민은 여전히 고민으로 남아 있었지만, 먹는 순간만큼은 참으로 행복했다. (7월 3일)

원기 회복의
시간

순례 열여덟째 날, 부산

　지금까지의 여행 패턴대로라면, 오늘 일기에 '잠깐 동안의 환상은 끝나고 다시 일상으로'라고 써야겠지만, 휴식이 하루 연장되었다. 원래는 오늘 떠나려 했으나, 이모의 간곡한 만류로 출발을 하루 늦추기로 했다. 우리의 몸 상태가 좋지 않아서이기도 했다. 어차피 딱히 일정도 계획도 없는 여행이니까 하루 정도는 더 쉬어도 괜찮겠지.
　오늘은 그저 원기 회복의 시간. 길 위에서 잠시 쉬었다 가는 시간.
　일어나서 마치 매일 그래 왔던 듯 아침을 먹었다. 잠시 드라

이브를 하고, 광안리 앞바다도 구경하고, 바다가 보이는 스타벅스에 들러 커피를 마셨다.

이모가 다 떨어진 내 운동화를 못내 안타까워하셔서 나이키 매장에서 쇼핑을 하고 난 뒤, 점심을 먹고, 늘 그래 왔던 것처럼 영화를 보고, 가볍게 산책을 하고, 맥주 한 잔, 레드 와인과 고기를 먹고, 테킬라 한 잔, 이모부와 함께 또 회를 먹고, 소주를 먹고, 다시, 편안한 잠자리.

이렇게 쓰고 나자, '아, 우리가 누리는 일상이란 얼마나 행복한 것인가.' 하고 절로 감탄이 흘러나온다. 아니, 어쩌면 일상에서의 행복을 느끼는 유일한 방법은 길 위로 나서는 것인지도 모르겠다. 이런 행복은 집에 앉아서는 결코 느낄 수 없는 거니까.

물론 이런 것들이 지금 우리의 삶에 어울리는 것은 아니겠지만, 그냥 하루쯤의 휴식이라고 해 두자. 내일이면 우리는 다시 길바닥 신세니까.

'오늘의 일상을 적어 놓고 보니, 묘하게 허무해 보인다. 내가 행복이라고 느꼈던 것들은 대체 뭐였을까.'라고 쿨하게 적고도 싶다. 어쩌면 시간이 흐른 뒤에 이 일기를 보면 그런 생각이 들지도 모를 일이다. 삶의 진리를 깨달은 수도자처럼, 혹은 광야에서 40일을 보내셨던 예수님처럼, 이 모든 건 한순간 지나가 버리는 허상이라고 말하고 싶을지도 모를 일이다. 그런데 지금의 나는 도무지 그런 멋진 말을 적을 수 없다.

조금은 솔직해지자.

'길' 위로 나왔지만, 나는 다시 '집'을 그리워하고 있다. '오늘은 나의 목구멍에 무엇을 흘려보낼 수 있을까.' 하고 고민하는 삶이 아니라, 냉장고를 열면 언제든 차가운 물을 마실 수 있는 그런 삶을. 어제 우리가 느낀 어색함과 불편함은, 어쩌면 그런 나의 욕구에서 나온 것이었는지도 모르겠다. 머리는 우리에게 길 위로 나서라고 재촉하지만, 몸은 안락함을 원하는 괴리감. 아, 머리가 복잡하다.

갑자기 좀 뜬금없기는 하지만, 일기를 덮기 전에 오늘 본 영화에 대해서 한마디 적지 않을 수 없다. 아무 기대 없이 보러 갔지만, 〈씬 시티〉는 정말 대단한 영화였다! 로버트 로드리게즈 감독에게 진심으로 경의를 표한다. 앞으로 그런 영화는 한동안 나오기 힘들 것이다. 흑백 영화임에도 불구하고 어쩜 그렇게 감각적인 영상을 보여 주는지. 그야말로 'MTV 편집'의 진수를 보여 준다. 시종일관 밀려드는 시각적 자극의 홍수랄까.

이모네 집의 방.

브루스 윌리스의 농익은 중후함과 제시카 알바의 아름다움, 데본 아오키의 냉철한 카리스마 등, 이 모든 것이 흑백의 영상 안에서 한 편의 뮤직비디오처럼 펼쳐진다.

내가 일반적으로 좋아하는 스타일의 영화는 분명 아니지만, 그래도 점수를 매기자면 90점 이상 주고 싶을 정도로 빼어난 영화. 쿠엔틴 타란티노 스타일을 좋아하는 사람이라면 강력히 추천하고 싶다. 죄로 가득한 도시의 암울한 상황과 악의 세력을 이기지 못한 채로 주인공이 죽음을 택하는 줄거리도, 영화가 지극히 현실 풍자적이라는 것도, 모든 이를 대신해서 죽음을 선택한 예수님의 모습이 언뜻 비치는 것도 마음에 든다.

단 하나, 교회가 악의 세력을 비호하고 있다는 설정은 좀 껄끄러운 요소. 하지만 역사 속에서 그런 잘못이 없었다고는 할 수 없으니까 굳이 변호하고 싶지는 않다. 그보다는 오늘의 교회가, 또한 우리가 선을 위해서 더 열심히 살아야 하지 않을까. 예수님께서 이 세상에 오신 이유를 결코 망각해서는 안 되리라. (7월 4일)

길 위에서 생生을
자축하다

순례 열아홉째 날, 부산에서 진해까지

오늘은 7월 5일.

나의 생일이다.

내가 태어난 지 꼭 23년이 되는 날이다.

나를 세상으로 불러 주신 하느님께,

나를 낳아 주신 부모님께,

나를 있게 해 주신 모든 분들께 감사드린다.

내가 이 길을 걸을 수 있도록 도와준 모든 이들에게도 감사한 마음뿐이다.

길 위에서,

나의 생生을 자축한다.

함께 축하해 줄 친구라고는 곁에 있는 용태 녀석뿐이지만, 이 얼마나 축하할 일인가.

세상에 태어났다는 사실은.

이모네 집에서 아침을 먹고, 남천 성당으로 향했다. 남천 성당의 스테인드글라스로 장식된 유리 지붕은 너무 아름다워서 가슴이 벅찰 지경이었다. 그렇게 아름다운 성당에서 하 안토니오 신부님의 몬시뇰 서임 미사가 있었는데, 미사가 끝나고 그분의 생애를 다룬 《불에 뛰어든 사람》이라는 책까지 선물 받았다. 잘 모르는 분이지만, 그래도 감사히 받아야지. 심심할 때 길 위에서 읽으라고 하느님께서 주신 선물로 여겨야겠다.

부산 외곽으로 나와서 잡은 오늘의 목표는 진해. 딱히 이유가 있어서는 아니었지만, 이제 지도를 펼치면 대강 목적지가 보인다고 할까. 그렇게 진해를 향해서 걷기 시작했다. 목이 마르면 이모가 챙겨 주신 프룬 주스를 마시고, 배가 고프면 또 프룬 주스를 마시고, 다리가 아파서 쉴 때도 역시 프룬 주스를 마셨다. 캔이라서 계속 들고 다니기가 무겁기도 했거니와, 달리 먹을 것도 없었으니까.

그렇게 한참을 걷다가 비가 부슬부슬 내리기에 슬슬 히치하이크를 하기로 했다. 우연인지 운명인지, 빨간 승용차에 탄 마음씨 좋은 자매님이 성당에 가는 길이라고 했다. 우리도 성당 찾는 수고를 덜고 기쁜 마음으로 미사에 참례할 수 있었다. 작지만 아름답고, 참 포근한 분위기의 성당이었다. 게다가 보좌 신부님께서는 어찌나 인상이 좋고 서글서글하신지. 우리를 보자마자, 사제관에서 같이 자면 되겠다고 말씀하셨다. 사투리는 어쩜 그렇게 구수하신지. 검정 뿔테 안경은 또 어찌 그리 순박하게 보이는지. 우리에게 베풀어 주신 친절 덕분에 우리 마음도 풀어져 그렇게 보였으려나?

미사를 드린 뒤 사제관에서 씻고 나자 갑자기 신부님께서 밥은 먹었느냐고 물으셨다. 안 먹었다는 우리의 대답에 그럼 저녁 겸 술이나 한잔하러 가자신다. 정겨운 시골길을 걸어, 덕산동 보좌 신부님과 신학생, 보조 교사들과 함께 밤늦게까지 맥주를 마셨다. 아, 생일날 맥주 한잔이라니. 생각지도 못했던 선물이라 정말로 기분이 좋았다. 피곤했던 탓에 술자리에서 계속 졸기는 했지만. 이것 참, 술자리에서는 절대 조는 일이 없었는데, 피곤하긴 했나 보다. 새벽 2시가 넘어서 술에 취하고 잠에 취한 채로 성당으로 돌아와 곧바로 단잠을 청했다. 생일

날 다시 길 위로 나선 걸 하느님께서 측은하게 여기신 탓일까. 분에 넘치는 생일 선물을 받은 느낌이었다.

문득 이 모든 것에 감사해야 한다는 생각이 번개처럼 든다. 나의 생일, 이제껏 내가 지낸 모든 시간들에 감사한다. 오늘 아침까지 친절을 베풀어 주신 이모님께도, 이곳까지 우리를 태워 주신 빨간 승용차의 자매님께도, 이곳 사제관에서 머물 수 있게 해 주신 신부님께도 감사드린다. 세상은 언제나 감사할 것투성이. 오늘 아침에 한 끼밖에 못 먹고 하루 종일 길 위에 있기는 했지만, 그 한 끼라도 먹었으니 얼마나 감사할 일이냐. 먹을 것이 프룬 주스밖에 없었다고 해도 그 또한 얼마나 감사할 일이냐. 비도 내리는데, 지붕 아래서 안락하게 잠을 청할 수 있다는 것도 얼마나 감사할 일이냐. 집을 나온 지 벌써 스무 날이 되었건만, 아직도 굶어 죽지 않고 살아가고 있으니 이 또한 얼마나 감사할 일이냐.

그저 내어 맡기기만 하면, 모든 것은 주님께서 알아서 인도해 주시리라.

하느님, 감사합니다. *(7월 5일)*

우리는 왜
성당을 찾았던 걸까

순례 스무째 날, 진해에서 마산까지

어제의 파티가 너무 과했던 걸까, 약간의 숙취가 남은 채로 아침을 맞았다. 그래도 하느님께서 주신 새날을 기뻐하며, 배낭을 짊어지고 기운차게 길을 나섰다. 하지만 어제처럼 일이 잘 풀리지는 않았다. 어제와 똑같은 24시간이건만, 무척이나 길게 느껴지는 하루였다. 어젯밤 흥겨웠던 술자리 때문에 더 그렇게 여겨지는지도 모르겠다.

우리는 덕산을 나와서 걷고 또 걸어 창원을 지나, 마산으로 들어섰다. 그리 큰 도시는 아니지만, 걸어 다니기에는 넓고도 넓었다. 미사 드릴 성당을 찾아 정처 없이 헤맸다. 왜 하필이면 수요일 저녁 미사가 없는 거냐고 투덜거리며, 산호동 성당에서 교구청으로, 다시 상남동 성당으로……. 결국 오늘은 미사에 참례하지 못했다.

그래도 인자하신 하느님께서 우리에게 따스한 저녁 한술을 허락하셨다. 상남동 성당 마당에서 만난 교우분이 저녁을 사 주시겠다고 나선 것이다. 텅 빈 위장에는 뭐가 들어가도 감지덕지일 텐데, 마산의 명물 아구찜을 사 주시겠다고 했다. 식도락 투어를 나선 것도 아닌데, 각지의 맛있다는 음식들은 대부분 먹어 보게 되는 것 같다.

밥을 먹고 나니 한 가지 의문이 떠오른다. 대체 왜 우리는 성당을 찾았을까. 미사를 드리고 싶어서였을까. 아니면 밥을 먹여 주고 잠자리를 마련해 줄 누군가를 찾고 있었던 걸까. 약간의 자괴감, 여행 목적에 대한 상실감. 한편 이런 생각도 든다. '이렇게 간절한 마음으로 성당을 찾은 적이 있었던가.' 도움의 손길이 필요해 성당을 찾는 사람을 단 한 번이라도 똑바로 바라본 적이 있었던가.

그럼에도 불구하고 나 자신에 대한 씁쓸함을 지워 버릴 수는 없었다. 성당에서 나올 현실적인 도움을 바라고 성당을 찾은 나의 속내를 부정할 수 없기 때문이다. 하느님께서 우리를 인도하시고, 그분께서 우리를 돌보시리라는 처음의 마음은, 결국 이런 것을 의미했던 것일까.

뭐라 설명할 수 없이 복잡한 심정이었지만, 어쨌든 다시 현실적인 문제로 돌아와야 했다. 결국 문제는 오늘 밤, 어디에 우리 몸을 누일 수 있는가였으니까. 선택의 여지가 별로 없었다. 성당이나 교회가 아니면, 아파트밖에 없었다. 한참을 고민하다가 결국 어느 아파트에 올라가 잠을 청했다.

'이렇게 오늘 하루가 또 저문다.'라고 일기를 마무리하고 싶었지만, 애석하게도 그러지 못했다. 잠을 자는데 갑자기 환한 불빛이 우리를 비추더니, 경비 아저씨가 우리를 깨우는 것이 아닌가. 그분은 우리의 사정을 듣더니, "원래 이러면 안 되는데." 하시며 눈감아 주셨다. '좋은 아파트라서 열심히 순찰을 도나 보다.' 하고 생각하며, 다시 누워 잠을 청했다.

얼마 후 다른 경비 아저씨가 올라왔다. 이번에도 간곡히 우리 처지를 설명했지만, 여기서 자면 안 된다는 대답만 돌아왔다. 새벽 2시에 우리는 그렇게 길거리로 내몰렸다. 그래도 화를 낼 수는 없었다. 우리가 거기에 누웠던 것도, 그 아저씨가 우리를 깨웠던 것도, 결국 각자의 입장에서 최선을 다한 일이었으니까. 경비 아저씨가 잘못했다고는 생각하지 않았지만,

서러운 나의 심정까지 달랠 수는 없었다.

바로 어제, 2시까지 술을 마시고 잠자리로 향했던 발걸음은 휘청거리기는 해도 경쾌했었다. 하지만 오늘, 2시까지 돌바닥에 웅크려 잠을 자다가 내쫓겨 거리를 헤매는 발걸음은 더할 나위 없이 처량하다는 사실을 새삼 실감하고 있다. 그래도 이 또한 좋은 경험이라고 서로를 위로했다. 덕분에 멋진 야경도 보았고, 또 언제 이렇게 밤을 헤매 보겠나.

"끔찍하게 여겨진 마산에서의 밤도 끔찍하기만 하진 않았다. 그 야경은 잊을 수 없을 거다. 칠흑 같은 밤바다 위에 별 같은 불빛을 밝히고 떠 있던 거대한 배의 불놀이, 결코 잊을 수 없는 아름다운 기억이다."

— 용태의 7월 7일 일기 중에서

그렇게 밤 공기를 마시다가, 다시 주공 아파트에 기어들어가 편안하게 잠자리를 꾸렸다. 서민적인 느낌의 아파트가 최고라면서, 여기라면 경비 아저씨가 순찰을 돌지 않을 거라고 서로를 안심시키며, 밤은 다시 깊어 간다. (7월 6일)

3부

가난,
가난,
가난

내게 필요한 것들을 배낭에 바리바리 짊어지고 다니면서도
잠자리를 걱정하는 꼴이라니.
아직도 나를 완전히 비우고
하느님께 달려가지 못하고 있었다.
모든 것을 하느님께 의탁한다는 것은
대체 얼마만큼의 투신을 의미하는 것일까.

쪽지 편지, 세 번째

　물질적인 부가 미덕이 되고, 가난은 죄악이 되어 버린 시대입니다. 같은 행위라 해도 돈이 있으면 무죄가, 돈이 없으면 죄가 되는 세상입니다. 이런 세상 속에서 가난을 체험한다는 것은 참으로 바보 같은 일입니다. 돈을 벌기에도 바쁜 세상인데, 다른 좋은 것을 체험하기에도 부족한 시간인데, 왜 하필이면 가난을 체험해 보겠다고 하는지 어리석기 그지없습니다. '가난'은 무능하고 게으른 사람들에게나 해당하는 현실인데, 왜 우리가 거기에 들어가야 하느냐고 반문하는 사람들이 있을지도 모릅니다.
　하지만 우리 그리스도인들에게 '가난'은 결코 죄악도, 물리쳐야 할 그 무엇도 아닙니다. 왜냐하면 예수 그리스도께서 지극히 가난하신 분이셨기 때문이지요. 그 가난은 현세적이고 물질적인 차원 이전에, 강생의 순간에서부터 시작됩니다. 강생은 바로 '자기 비움kenosis'의 신비의 절정입니다.

'하느님은 사람이 되셨다.'

이 한 문장이 바로 예수님의 가난을 드러내 줍니다. 왕이 자신의 왕위를 포기하고 거지들과 함께 살겠다고 내려가는 것을 상상할 수 있겠습니까? 대기업의 사장이 노숙자가 되어 그들과 함께 어울리고 싶어 하겠습니까? 아무리 개를 사랑한다 한들, 사람이기를 포기하고 자신이 키우는 개와 똑같아지기를 바라겠습니까?

'그런데 하느님은 사람이 되셨다.'

이 한 문장이 바로 예수님의 가난을 극명하게 드러내 줍니다. 우리가 잘 알고 있는 프란치스코 성인도, 프라도 사제회의 창립자 앙트완느 슈브리에 복자도 이 강생의 신비 앞에서 무척이나 깊이 탄복했고, 그 신비를 몸으로 살기를 바랐습니다. 철저한 가난을 추구했던 그들의 삶은, 사실 예수님의 탄생에서부터 출발하는 것이지요.

예수님의 가난, 그분의 자기 비움은 단순히 '사람이 되는 것'으로 끝나지 않습니다. 하느님이 사람이 된다면 마땅히 가장 영화롭고 부유한 왕실에서 태어나야 할 것 같지만, 그분께서 택하신 곳은 베들레헴의 구유였습니다. 그리고 유년기를 보내려고 택하신 곳은 나자렛에 있는 한 목수의 집이었습니다. 그뿐이 아닙니다. 그분은 가장 모욕적인 죽음에 이르기를, 뭇사람들의 저주를 한 몸에 받으면서 십자가에 달려 죽음에 이르기를 원하셨습니다.

   십자가 죽음이야말로 '자기 비움'의 극치이며, 그 자기 비움 안에서 우리는 참으로 하느님께서 어떤 분이신지를 바라보게 됩니다. 하느님께서 하느님이시기를 포기하고 사람이 될 때, 그렇게 사람이 되어 십자가 죽음에 이르기까지 낮아질 때, 그분은 역설적으로 '참하느님'이 되십니다. 가장 하느님이기를 포기하는 그 순간에 그분께서는 가장 하느님으로 계신다는 역설. 왜냐하면 하느님께서는 '그렇게 자신을 비워 내는 사랑'이시기 때문입니다.

   자신을 비워 내는 사랑은 필연적으로 가난합니다.
그러므로 가난은, 사랑의 또 다른 이름입니다.

물론 우리는 예수님처럼 가난하지도 않았고,
그분처럼 사랑 때문에 가난해진 것도 아니었습니다.
하지만 우리는 가난했습니다.
그리고 그 가난은 우리에게
'사랑이 무엇인지를' 보여 주었습니다.
우리가 걸어야 할 길이 무엇인지를 보여 주었습니다.

가난,
여전히 세상은 가난을 욕할지도 모릅니다.
청빈은 무능한 사람의 변명일 뿐이라고 조소할지도 모릅니다.
그래도 저는 괜찮습니다.
저는, 가난을 택하고 싶습니다.

평생을 가난했던
가난의 화신化身
나자렛 예수님처럼 말입니다.

보리빵 다섯 개,
옥수수 다섯 개

순례 스무하루째 날, 마산에서 거제까지

오늘로 벌써 스무하루째.
우리의 여행이 길어질수록,
전국적인 민폐는 더해 간다.

여행의 초반부에 만난 사람들은 그저 그런 반응들이었다. '그래, 너희들 참 장하다, 수고해라.' 그런 식이었다. 이제는 다르다. 집을 나온 지 그렇게 오래되었냐면서, 어떻게든 더 챙겨 주려고 한다. 물 한 모금, 밥 한술이라도 더 주려고 한다. 물론 우리가 받는 도움과 전국에 끼치는 민폐는 비례하겠지만 말이다. 이래저래 도움을 많이 받을수록, 그만큼 세상에 빚을 지는 셈이리라.

오늘도 그랬다. 고성 어디쯤의 뜨거운 도로 위를 걷고 있는데, 도로 양옆으로 옥수수밭이 끝없이 펼쳐져 있었다. 밭 사이사이로, 갓 삶은 옥수수를 파는 아주머니들이 보였다. 푸른 옥수수밭은 눈부시게 아름다웠고, 삶은 옥수수 냄새 역시 기가 막히게 구수했다. 군침을 삼키면서 걸어가는데, 갑자기 한 아주머니가 급하게 우리를 불러 세웠다.

"학생, 어데 가는데?"

"저희는 무전여행을 하는 학생들인데요, 오늘은 거제까지 가려고요."

"무전여행? 얼마나 됐는데?"

"20일 넘었어요."

"20일? 어이구, 얼마나 힘들꼬. 배는 안 고프나?"

아주머니가 옥수수 한 토막씩 우리 손에 쥐여 주셨다. 세상에서 가장 아름다운 빛깔의, 가장 먹음직스러운 옥수수가 내 손에 놓여 있었다. 갑자기 복이 쏟아져 내리는 걸까. 그 옆의 아주머니도 "학생들이 얼마나 힘들꼬……." 혀를 차면서, 가다가 배고플 때 먹으라고 자그마한 옥수수 세 토막을 봉지에 싸 주셨다.

이상하리만치 행복했다.

옥수수 다섯 개에 우리는 더없이 행복해졌다. 보리빵 다섯 개로 오천 명을 먹이신 기적에야 비할 바가 아니겠지만, 옥수수 다섯 개로 두 사람이 이렇게 행복해질 수 있다니. 이것 역시 기적임이 틀림없다. 한 사람이 행복해지기 위해 필요한 것이 고작 옥수수 두 토막 하고도 반이라니, 얼마나 놀라운가.

언제나 그랬지만, 우리가 도움을 받는 것은 부자에게서가 아니었다. 아주 평범한, 가진 것도 별로 없는 분들에게서였다. 동네에서 만날 수 있는 빵집 아저씨, 어디서나 볼 수 있는 작은 식당의 아주머니, 성당에서 마주치는 형제자매님들. 이런 분들의 도움이 우리에게 훨씬 따뜻한 감동을 주었다. 부유한 이가 아니라 없는 이들이 더 쉽게 내어 줄 수 있다는 역설. 없는 이들이야말로 없는 이들의 마음을 더 잘 헤아릴 수 있기 때문인지도 모른다.

이것이 바로 강생의 신비인가,
낮아져야,
비로소 도울 수 있다.

가장 낮은 곳으로 오신 그리스도의 가난은
우리를 향한 그분의 끝없는 사랑에서 오는 것.

통영에서 거제로 향하는 길에 잡아 탄 스타렉스. 치킨집 사장님이라는 운전자 아저씨는, 다른 건 못 해 줘도 통닭 한 마리쯤은 튀겨 줄 수 있다면서 자기 가게로 가자고 하셨다. 유쾌한 아저씨와 이런저런 이야기를 나누며, 특히 빌어먹어도 예쁘다는 칭찬(?)까지 들으며 맛난 통닭을 먹었다. 행복했다. 정말 행복했다.

우리의 여행은, 누군가의 도움으로, 누군가의 희생으로, 그것도 기꺼운 희생으로 이루어질 수 있다. 희생을 즐겨 하는 이에게 축복 있으라!
우리는, 희생을 종용함으로써 희생의 의미를 깨달아 가는 것인가. 희생을 종용함으로써 희생하는 법을 배우고 있는 것인가.
어쨌거나 스무하루를 길 위에서 보낸 지금, 내게 이 한 가지만은 분명하다. 아직 세상은 살 만하다. (7월 7일)

알 만한 신자가
남의 성당에 와서

순례 스물두째 날, 거제에서 진주까지

　어제는 장승포 성당에서의 환대로 배부르고 등 따습게 밤을 보내고, 기분 좋게 아침을 맞을 수 있었다. 성당을 나와 길을 걷다 보니 '몽돌 해수욕장'이라는 표지가 보였다. 밤색 표지판은 '한번 들러 보라'고 우리를 유혹했다. 아마 거제도에서 유명한 곳인가 보다. 모래가 아니라 검은 빛깔의 둥근 자갈이 파도를 맞으며 아름다운 소리를 내고 있었다. 쏴~ 하는 파도 소리 뒤에 촤르륵~ 하고 이어지는, 돌에서 물 빠져나가는 소리가 무척 경쾌했다.
　정동진에서처럼 마냥 철없이 바다로 뛰어들어 가지는 않았

다. 이제는 파도와 자갈의 아름다운 하모니를 들으며, 작고 예쁜 자갈 하나를 기념으로 배낭에 찔러 넣는 것으로도 충분했다. 글쎄, 정말 그것으로 충분했을까. 이젠 우리 속에 있었던 간절함이 사라진 걸까. 어쩌면 이젠 일상이 되어 버린 길 위의 삶에 지쳐서 그랬을지도 모르겠다.

여유를 잃어버렸기에 젊음의 치열함과 패기까지 잃어버린 건지도 모른다. 어쩌면 그저 '생존 혹은 버텨 내기' 미션을 수행하고 있는 것은 아닐까. 글쎄, 지금으로서는 잘 모르겠다. 이 발이 멈출 때쯤, 이 기록이 끝날 때쯤이면 그 이유를 찾을 수 있을까.

몽돌 해수욕장을 빠져나온 뒤 해금강을 대충 둘러보고서 진주로 빠져나왔다. 성당을 찾아 거리를 돌아다니다가, 상평 성당을 거쳐 하대 성당에 도착했다. 기쁜 마음으로 저녁 미사를 드린 뒤, 조심스럽게 우리의 사정을 이야기했더니 수녀님과 신부님께서 이리저리 잠자리를 알아보기 시작하셨다. 하지만 신원이 확실하지 않은 우리는 아무래도 그곳에서 잘 수 없을 것 같았다. 사무실에서 그 광경을 지켜보던 한 분이 기어코 우리의 가슴에 비수를 꽂았다.

"알 만한 신자가 남의 성당에 와서 이렇게 피해를 입히면 되겠어요?"

"……."

'전국적인 민폐'라며 우리가 자조적으로 했던 말을, 다른 사람의 입으로 듣는 것은 고통이었다.

슬펐다.
만약 사랑이 사랑이 아니라면,
단지 의무고 짐이라면,
그것은 더 이상 사랑이 아니다.
교회가 세상을 감싸야 하는가,
세상이 교회를 향해 가야 하는가.

물론 이해가 안 되는 건 아니었다. 교회에 도움을 청하는 사람이 한둘이겠는가.

슬프고, 서럽고, 교회의 현실에 마음이 부서지면서도, 수녀님께서 사 주신 짜장면을 꾸역꾸역 먹는 나 자신이 참 알 수 없게 느껴졌다. 어쩐지 슬픈 마음에 맛이 하나도 느껴지지 않을 것 같은데도, 짜장면은 맛있었다. 희극적인 비극인지, 비극적인 희극인지.

짜장면을 다 먹고 길로 나서니 추적추적 다시 빗줄기가 이어진다. 잘 곳을 찾지 못해 무거운 마음보다, 물먹은 솜처럼 젖어 버린 내 마음이 더 무겁다. 노숙할 곳을 찾아 밤거리를 헤매면서도, 몸이 피곤하기보다는 마음이 아프다. '겨우 이 정도를 주님의 40일과 비길 수 있을까. 겨우 이 정도의 대접이 십자가 죽음에 비길 수 있을까.' 그렇게 주님의 고통을 생각해 보아도 못내 아픈 마음을 달랠 수는 없다. (7월 8일)

청년
엠티라고요?

순례 스물셋째 날, 진주에서 순천까지

'몸에 각인된 체험이 삶에 영향을 미친다.'라는 것은 너무도 당연한 진리다. 아파트 계단에서 자다가 쫓겨났던 앞선 체험은 나를 불안에 떨게 했다. 지금의 나는 아파트에서 쫓겨나기 이전의 나와 결코 같을 수 없는 것이다. 물론 노숙을 하기 전의 나와 같아진다는 것은 더더욱 불가능하다. 인간은 완성된 인격체가 아니라, 켜켜이 쌓인 체험과 역사를 통해 형성되어 가는 존재이기 때문이다.

엄청나게 심오한 이야기를 하고 있는 것 같지만, 실은 별것 아니다. 요약하자면, '자다가 한 번 쫓겨나 보니, 이젠 아파트에서 잘 때 불안하더라.' 이게 전부다. 문제는 아무것도 아닌 것 같은 이 일이, 내게는 무척 큰일이라는 데 있다.

불안은 본래 실체가 없는 것.

불안은 자신이 만들어 낸 환상.

그럼에도 스스로 빚어낸 환상의 포로가 되어 끊임없이 번뇌하는 인간의 비참함.

나는 아파트 옥상에서 잠을 자면서 불안해하는 나 자신 때문에 더욱 서글퍼졌다. 왜 그럴 수밖에 없었을까. 예수님의 말씀처럼 '겨자씨 한 알만 한 믿음'이라도 있었더라면 결코 불안에 떨지 않았을 텐데. 하느님께 전적으로 신뢰하는 마음이 있었더라면 이러지는 않았을 텐데. 어쩔 수 없다. 이게 내 모습이니까. 나 자신의 나약함을 탓하며 기나긴 밤을 보낼 수밖에.

이런 나의 불안을 우습게 여기기라도 하듯, 결국 어젯밤 아파트에서는 아무런 일도 일어나지 않았다. 그리고 여느 때와 같은 아파트의 아침. 남들처럼 이부자리를 정리하는 대신, 바닥에 깔았던 비닐을 개고 신문지를 정돈하는 손길이 왠지 씁쓸했다. 계단을 타고 올라오는, 출근하고 학교 가는 사람들의 분주한 소리를 들으며, 우리는 그들과 '다른 곳'에 있음을 다시 한 번 느꼈다. 일반적인 삶과는 다른 차원 속에 있는 것이다.

그렇게 시작된 오늘, 또다시 '일반적이지 않은 일'이 벌어졌다. 생각지도 않게, 청년 엠티에 따라가게 된 것이다. 우리는 지친 몸을 이끌고 진주를 떠나 순천으로 향했더랬다. 토요일 특전 미사도 드릴 겸 연향동 성당으로 곧장 들어갔다가 운명적으로(?) 보좌 신부님을 만나 인사했다.

"(쭈뼛거리며) 안녕하세요, 신부님."

"아, 네. 어떻게 오셨어요?"

"저희는 무전여행 중인 학생들인데요……."

말을 잇기가 멋쩍어 약간 말꼬리를 흐렸는데도 친절하신 신부님은 우리의 마음을 아셨나 보다.

"그래요? 어디에서 오셨어요?"

"(조금은 쩔리지만, 미리 말을 맞춘 대로) 저희는 충남대학교 학생들인데요, 40일 정도 계획을 잡고 무전여행 중이거든요. 천안에서 출발해서 강원도랑 경상도를 돌고, 지금은 23일째인데, 이제 전라도를 거쳐서 충청도 쪽으로 올라가려고요."

"벌써 20일이 넘었어요? 힘들었겠네……. 그런데 성당에 온 거 보니까, 신자인가 봐요?"

"네, 저는 대전 목동이고요, 이 친구는 천안 성정동 본당입니다."

이쯤 되면 일은 거의 성사된 것이나 다름없다.

"아, 그래요. 그럼 오늘 잘 곳은 있어요?"

나이스!

"아직 못 정했습니다……."

그렇다. 이쯤에서 조금은 안쓰럽게 보이는 것이 중요하다.

"그럼 오늘부터 1박 2일로 청년 엠티 가는데 같이 안 갈래요? 백운산으로 가는데요."

더 생각할 게 있나. 바로 오케이다.

"네!"

마음씨 좋으신 라파엘 신부님께서는 청년들이랑 백운산에 함께 가서 하룻밤을 보내고, 다음 목적지로 가라고 하셨다.

이렇게 감사할 데가!

참 알다가도 모를 일이다. 대체 우리가 어떤 사람인 줄 알고 이렇게 믿어 주시는 것일까. 신학생이라고 밝히지도 않았고, 그저 성당 다니는 청년이라고 했을 뿐인데. 그 말 또한 어떻게 믿을 수가 있단 말인가. 무조건적인 믿음, 어쩌면 이것이 우리 교회에 필요한 것인지도 모르겠다. 사랑을 전제로 한다면, 타인에 대한 믿음은 그에 절대적으로 부속하는 것이리라. 교회는 마땅히 그래야만 하는 것이다.

하지만 나 또한 낯모르는 사람들을 기꺼이 맞아 줄 수 있을까. 내가 교회의 책임자라면 그럴 수 있을까. 우리처럼 멀쩡해 보이는 청년들은 그렇다 치고, 허름한 노숙자라면 어떨까. 단순히 '나의 것'을 내어 주는 것을 넘어서, '교회의 책임자'로서 말이다. 예수님이라면 어떻게 하셨을까. 상황에 따른 지혜냐, 무조건적인 믿음이냐. 이것 참 알 수 없는 딜레마다.

물론 지금 우리에게 전적으로 필요한 것은 사랑과 믿음뿐이다. 신부님의 그 믿음 덕분에 우리는 연향동 성당 청년들과 함께 시간을 보낼 수 있었다. 조금 서먹하긴 했지만, 그곳에서 만난 청년들은 모두 좋은 사람들이었다. 잠자리와 밥걱정에서 해방되어 신나게 하루를 보낼 수 있다니, 더 바랄 것이 무엇이겠는가. 전혀 생각지도 못했던 일이었지만, 무전여행 중에 청년 엠티를 허락하신 주님께 깊은 감사를 드린다.

어쩐지 우습다. 불과 오늘 아침만 해도 하느님에 대한 믿음이 부족하다고 적었는데, 지금은 하느님께 깊은 감사를 드린다고 적고 있으니 말이다. 그래도 어쩌랴. 그것이 나의 솔직한 심정인 것을. 지금은 진정으로 하느님께 감사를 드리고 싶은 마음뿐이다. 우선은 밥과 잠자리가 해결되어서 그럴 것이다. 하지만 더 근본적으로는, 주님을 따르는 사람들이라는 사실 하나만으로, 우리는 하나가 될 수 있었다는 데 있다. 주님께서 우리 모두를 하나로 만드셨고, 그 하나 됨 안에서 우리는 진심으로 기쁠 수 있었다.

물론 우리만의 게토를 만드는 것은 곤란하겠지만, 게다가 하느님의 이름으로 먹고 노는 유희의 장이 되어서는 더욱 곤란하겠지만, 백운산 자락에서의 밤은 참으로 행복했다.

내가 말할 수 있는 것은 여기까지다. (7월 9일)

우리들의 천국,
당신들의 천국

순례 스물넷째 날, 순천에서 보성까지

아침에 눈을 뜨니 엄청나게 피곤했다. 어제 너무 늦게까지 술을 마시며 이야기를 한 탓일까. 어젯밤, 옹기종기 모여 앉아 술을 마시며 두런두런 이야기꽃을 피웠더랬다. 청년들은 우리의 여행에 대해서 무척 듣고 싶어 했고, 우리도 신나서 여행담을 풀어놓았다. 요즘 세상에도 차를 얻어 타고, 밥을 얻어먹으며 여행을 할 수 있다는 사실에 청년들은 놀라워했고, 아파트며 경로당에서 잘 때도 있었다는 이야기에 안쓰러워하기도 했다. 그리고 끝없이 이어지는 군대 이야기며 성당 이야기……. 정말 기분 좋은 밤이었다.

하지만 문제는 오늘. 그렇게 새벽 4시까지 술을 마시며 이야기를 했으니 머리는 지끈거리고 몸은 노곤할 수밖에. 그래도 아침이 되어 주섬주섬 챙겨 일어나야 했다. 대강 씻고 아침을 먹고 일정에 나와 있는 대로 운동을 했다. 솔직히 주저하는 마음이 들었다. 어제 처음 만난 사람들이라 아직 서먹하기도 했고, 운동을 하고 나면 땀에 흠뻑 젖은 옷을 빨아야 할 것이 뻔했으니까. 게다가 오랜만에 하려니 왜 이리 삭신이 쑤셔 대는지. 두려움과 걱정 속에 시작했지만, 정작 시작하고 나니 흠뻑 빠져들었다. 어쩔 수 없는 남자들의 승부욕, 그 속에서 몸을 부대끼며 조금씩 즐기기 시작했다.

그렇게 땀을 흘리다 보니 어느덧 시간은 점심 즈음, 우리는 슬슬 산을 내려가기로 했다. 물론 엠티 일정은 아직 남아 있었지만, 끝까지 함께할 수는 없으니까. 우리는 아직 길 위에 있는 사람들이니까. 고마우신 신부님께 인사를 드리고 산을 내려와 보성으로 향했다.

우리는 이 여행을 통해서 몰랐던 사실을 하나 알게 되었다. 장맛비는 참 길고, 쉬지도 않고 내린다는 것이었다. 장마가 시작된 지 보름도 더 되었건만 앞으로도 열흘은 더 내린다고 했다. 이젠 비도 지겨웠다. 산에 있을 때에는 흐리기만 하더니, 도로로 나온 지 얼마 안 되어 계속 비가 흩뿌리기 시작했다. 그러고는 보성으로 가는 길 내내 비가 내렸다.

지긋지긋한 장마!

다행히 그리 많이 오지는 않았지만, 비는 오후 내내 줄기차게 내렸다. 하늘에 실금이라도 간 것처럼, 지칠 줄 모르고, 야금야금 대지와 내 온몸을 적셔 갔다. 비 때문에 여행이 힘들기는 했지만, 비로 인해 대지는 더 촉촉이 젖을 수 있으리라. 물론, 길 위의 존재인 나는 내리는 비를 보며 마냥 좋아할 수는 없었지만 말이다. 그래도 어쩔 수 없다. 하늘은 비를 허락했고, 지금 내리는 비 역시 어딘가에 필요하기에 내리는 것일 테니까.

이런 종류의 문제라면, 애초부터 인간은 아무것도 '변화'시킬 수 없다. 우리가 할 수 있는 것은 '선택'의 문제다. 비를 맞으며 갈 것인가, 우비를 입고 비를 조금이라도 덜 맞을 것인가. 아니면 건물 안으로 들어가 비를 피할 것인가. 애초에 비를 내리거나 멈추게 하는 것은 인간의 영역을 넘어선 것이다. 그래, 세상에 의미 없는 것이 어디 있으랴. 우리가 그 안에서 의미를 찾느냐, 찾지 못하느냐의 차이가 있을 뿐. 그렇게 본다면 지금 내리는 비도 모두 하느님의 섭리일 것이다. 하느님의 허락으로 대지를 적시는 비일 것이다.

비와 함께 보성에 도착했다. 우선 보성 성당을 찾아 성체 조배를 했다. 이곳까지 우리를 이끄신 하느님께서 다시 어디로 우리를 이끌어 가실지. 용태와 나는 침묵 속에서 감실을 바라보았다. 그런 다음 마당으로 나와 본당 수녀님을 만났다. 수녀님께서는 고개를 끄덕이며 우리 이야기를 들으시더니, 우선 요기라도 하라며 녹차 카스텔라와 녹차를 가져다주셨다. 먹을 것도 마실 것도 녹차라니, '역시 녹차의 고장인가.' 하는 생각에 빙그레 웃음이 나왔다.

하지만 수녀님들의 호의에도 불구하고 신부님께서 난색을 표하시는 바람에, 우리는 발걸음을 돌릴 수밖에 없었다. 우리보다 더 안타까워하시던 수녀님을 보며 복잡한 생각이 들었다. 나 역시 교회의 책임자라면 그랬을지 모른다. '관리자로서의 책임감'과 '내어 주는 사랑' 중에 과연 무엇이 우선일까.

그렇게 성당을 나오니 원불교당이 눈에 띄었다. 밖에서는 많이 봤지만 한 번도 들어가 보지 않은 곳이라, 어색하기만 했다. 이리저리 기웃거리고 알아보았지만, 역시나 이곳에서도 잘 수 없을 것 같았다. 중앙 교회에서도 물러 나온 뒤 보성읍 교회를 찾았다. 의외의 반응이었다. 한 아주머니께서 우리를 반겨 주며, 잘 곳은 있느냐고 물으셨다. 그 소박한 물음이 어찌나 고맙던지. 예배 전의 교회에 앉아, 용태 녀석은 "개종이라도 해야 하는 거 아니냐." 하며 웃었다.

언제나 드는 생각이지만, 교회는 세상이 다가오기를 기다리기만 해서는 안 된다. 세상 속으로 뛰어들어야만 하고, 세상을 끌어안아야만 한다. 바로 2,000년 전에 예수님께서 그러하셨던 것처럼 말이다. 교회가 닫혀 버린 채로 '당신들의 천국'이 되어 버린다면, 교회의 존재 이유는 대체 어디에 있단 말인가.
  물론 오늘 보성읍 교회에서 받았던 느낌만으로 이렇게 말할 수는 없을 것이다. 하지만 정말 가난하고 돌봄을 받아야 할 사람이 있을 때, 우리는 그를 진정으로 받아들일 수 있는가. 본당을 운영하기에도 예산이 빠듯하다는 핑계로, 그 사람의 신원이 불명확하다는 핑계로, 모든 좋은 일을 다 할 수는 없다는 핑계로 그를 외면해 버린다면, 그 안에 계신 예수 그리스도께서는 어떻게 되시겠는가? 예수님께서는 바로 그 사람을 위해서도 십자가에 못 박혀 돌아가시지 않았던가? 교회는 과연 어디에 있어야 하는가.

어쩌면 나는 지금 거절당한 상처를 안고, 거창하게 교회의 자세를 논하고 있는 것인지도 모른다. 진정으로 하느님과 예수님을 생각하고 가난한 사람들을 생각해서가 아니라, 단지 나의 처지에서 흘러나온 넋두리일 뿐.

그렇다면 다시, 나는 어떻게 살아야 하는가. (7월 10일)

보성의
차밭에서

순례 스물다섯째 날, 보성에서 진도까지

오에 겐자부로는 말했다. "수목에는 인간을 구제할 수 있는 특별한 힘이 감추어져 있는 것 같다."라고. 보성의 차밭이 바로 그러했다. 무성한 삼나무 숲길을 따라서 조용히 걸어가노라면, 어느새 정갈한 차나무들이 들어서 있었다. 그야말로 녹의 향연이다. 사진과 영화 속에서 보던 바로 그 풍경, 아니 그 이상이다. 햇살 좋은 날의 따스한 초록도 좋지만, 오늘처럼 부슬비 내리는 안개 가득한 날의 다원은 신비스럽기까지 했다. 이 안에서 날마다 지낸다면, 누구라도 마음이 고와지고 마음속의 때가 모조리 벗겨질 것 같은 느낌이었다. 그것이 바로 오에 겐자부로가 말한 '자연과 인간의 교감 - 치유'일 것이다.

이렇게 적고 보니 오에 겐자부로의 문학에 대해 꽤나 정통한 것 같지만, 실은 그의 대표작 《만년원년의 풋볼》을 절반쯤 읽은 것이 전부다. 그럼에도 불구하고 그의 글을 인용한 것은, 야나기다 구니오의 《내 아들이 꿈꾸는 세상》이라는 책 때문이다. 내 청소년기를 온통 지배해 버렸던 그 책. 아버지의 입으로 전하는 한 청년의 이야기를 통해, '오에 겐자부로'라는 이름은 내게 너무도 깊이 각인되어 버렸다. 마음의 깊은 상처로 괴로워하던 그 청년. 오에의 글을 곧잘 인용하며 자신도 치유되기를 간절히 바랐던 소지로. 자연을 통해, 대가 없는 봉사를 통

해, 평범한 사람처럼 되고 싶어 했던 그는 결국 산속에서 목을 매 숨졌다. 오에의 사인을 받고 아이처럼 좋아했던 그는, 지금 어디에 있는 것일까.

　만일 소지로가 보성의 차밭에 왔다면, 그의 상처는 치유될 수 있었을까. 너무나 순수하고 감수성이 예민해, 남들보다 수십 배 더 고뇌할 수밖에 없었던 그 영혼은 이 초록빛 속에서 안식을 누릴 수 있었을까. 내 마음을 어루만져 주는 녹의 향연을 바라보며, 나는 되뇌일 수밖에 없었다. 만일 소지로가 이곳에 왔더라면…….

"수목에는 인간을 구제할 수 있는 특별한 힘이 감추어져 있는 것 같다." 보성의 차밭에서 이 말이 지닌 진실성을 깨닫게 된다. 이곳은 자연과 인간이 조화를 이루고 있는 공간으로 느껴진다. 미묘한 질서가 그 안에 자리하고 있다는 것을 느낄 수 있다. 자연과 인간이 서로를 배려하고, 서로의 영역을 보듬어 주는 포근함이 감지된다.

자연이 인간을 치유한다고 하지만, 그 둘의 균형이 잘 유지되도록 해야 하는 것이 먼저다. 이는 서울의 빌딩 숲을 보아도, 아마존의 밀림을 보아도 잘 알 수 있다. 그 안에서는 서로를 받아들일 수 없다. 적응하는 소수의 개체만이 살아남을 수 있는 것이다. 물론 서울에도 자연은 존재하고, 아마존에도 사람은 존재하지만, 엄밀한 의미에서의 균형 잡힌 공존은 아니지 않은가. 조화와 균형, 질서와 부드러움이 필요하다. 그것이 바로 하느님께서 우리에게 바라시는 '진정한 다스림'이 아닐까.

나는 이 녹綠의 향연 속에서 더없는 아름다움과 행복을 느꼈다. 그저 하느님께 감사할 뿐. 그저 행복할 뿐. 가난한 순례자이기에 매점에서 파는 녹차 아이스크림을 바라보아야만 했지만, 꼭 붙어 사랑을 속삭이며 산책하는 연인들이 조금 부럽기는 했지만, 이것만으로도 충분히 행복했다.

오래도록 차밭을 거닐다가, 아쉬운 마음을 한구석에 묻어두고 보성을 천천히 빠져나갔다. 강진 쪽으로 방향을 잡고 히치하이크를 시작한 지 얼마 안 되어 곧바로 차 한 대가 멈춰 섰다. 차 안에는 왠지 영화에서 '마음씨 좋은 노부부'로 나올 법한 푸근한 인상의 두 분이 타고 계셨다. 강진까지는 아니고 장흥 시장에 간다는 두 분과 함께 즐거운 대화를 나누며 갔다. 어쩐지 정겨운 느낌이었다. 나이를 먹는다는 건 저런 것일까. 세월은 기력을 빼앗아 가는 동시에 부드러운 지혜를 안겨 주는 것 같다.

　두런두런 이야기를 나누다가 장흥 시장에 도착할 즈음, 할아버지께서 국밥이라도 한 그릇 같이 먹고 가자고 권하셨다. 마치 친할아버지께서 손자들을 대하듯 자연스럽게 건네는 그 말씀이 어쩜 그리 따스하게 들리던지. 우리는 어느 식당에 마주 앉아 할아버지께서 사 주신 국밥을 먹기 시작했다. 시장통의 보잘것없는 국밥 한 그릇이었지만, 세상에서 최고로 맛있는 음식처럼 느껴졌다. '어떤 음식을 먹느냐가 중요한 것이 아니라, 누구와 먹느냐가 더 중요하다.'라는 말이 생각났다. 행복한 시간, 그저 감사했던 순간이다.

　할아버지 할머니와 작별을 고한 뒤 강진에 들어서자 김영랑 생가가 눈에 띄었다. 이런 곳을 그냥 지나칠 수 있나. 다행히 입장료도 없어서 편안한 마음으로 방문할 수 있었다. 김영랑 생가를 돌아보며, '역시 대가는 다르다!'라는 생각만 들었다. 한때 문학 소년을 꿈꾸며, 꼴에 시를 쓴답시고 끼적대던 일들이 떠올라 부끄러웠다.

그런 다음 어렵사리 해남 끝까지 들어가서 땅끝 마을을 둘러보았다. 별다른 건 없다더니, 역시 특별한 건 없었다. 그냥 땅끝 기념비 하나만 달랑 있을 뿐. 조금 실망스럽긴 했지만, 그래도 바다를 보는 것은 기분 좋은 일이었다. '벗과 함께 땅끝에 앉아 푸른 바다를 바라보다.' 나름 운치 있지 않은가. 사실 무엇이 있다 한들 크게 다를 건 없었다. 그저 길 위에서 지나쳐 가는 순간이라는 자체로 의미 있을 뿐. 천안에서 출발해서 강원도와 경상도를 돌아 지금 땅끝에 와 있다는 것만으로도 우리에겐 충분히 의미가 있었다.

다음 행선지는 진도. 나름대로 정취를 살린다며, 굳이 걸어서 진도 대교를 건너 진도 성당에 도착했다. 성당 마당에 앉아서 어떻게 잠자리를 청해야 하나 고민하고 있는데, 갑자기 어린 여자아이 하나가 쪼르르 달려왔다. 그러고는 여기서 뭐하느냐며 말을 걸었다. 동네에서 처음 보는 얼굴이라 신기했나 보다. 초등학교 3학년쯤 되어 보였는데, 어쩜 그리 밝고 천진난만한지. 수수께끼를 냈다가, 재미있는 이야기를 했다가, 춤을 췄다가, 하여튼 온갖 재롱을 다 피웠다. 내가 사는 대전에서 아이가 낯모르는 사람에게 말을 건다는 건 상상조차 못할 일이지만, 이곳 진도에서는 자연스러운 일처럼 느껴졌다. 아직 사람에 대한 믿음과 정이 남아 있어서 그런 것일까. 보조개가 참 자연스럽게 패어 있던 그 귀여운 아이 덕분에 진도는 더 이상 낯선 땅이 아니게 되었다.

잠시 뒤에 신부님께 사정을 말씀드렸더니, 교육관 비슷한 방을 내어 주셨다. 짐을 풀고 쉬려는데, 그 아이가 다시 나타났다. 이번엔 친구 한 명을 데리고. 두 아이는 학교에서 배웠다는 부채춤을 췄다가, 재밌는 포즈를 취했다가 하며 온갖 귀염을 부리더니 갑자기 시간이 되었다며 집으로 가 버렸다. 바람처럼 왔다가 바람처럼 사라져 버린 진도의 아이들. 그 순수하고 천진난만한 미소만은 오래도록 기억에 남을 것 같다.

아이들이 가고 난 뒤, 짐을 풀고 쉬려는데 배가 고파 왔다. 근처에 빵집이나 밥집이 있을 것 같지도 않았다. 고민에 고민을 거듭하다가, '혹시나' 하는 마음으로 방에 딸린 주방에 들어가 보았다. 최대한 피해를 주지 않는 가운데, 먹을 만한 것은 없을까 싶어서 말이다. 아무거나 먹으면 도둑질이 되고 말 테니, 버릴 음식이나 쓸모없게 생긴 것을 골라내야 했다.

옳거니! 냉장고 안에서 게맛살이 나왔다. 게다가 유통 기한이 두 달도 지난 거였다! 바로 우리가 찾던, 맞춤한 것이었다. 어차피 유통 기한이 지나서 버릴 거, '우리가 처리하는 것도 나쁘지 않겠다.' 싶은 생각이 들었다. 또 뭐가 있는지 찾아보니, 주방 한구석에 감자가 상자째로 놓여 있었다. 이 중에서 몇 알을 골라 먹어도 티도 나지 않을 것 같았다. 하느님께서도 이 정도는 이해해 주실 거라고 생각하며, 그중에서 못생긴 녀석 두 알을 골라서 삶기 시작했다.

감자를 삶는 동안, 옆에서는 프라이팬에다 게맛살을 구웠다. 기름을 살짝 뿌려 하나씩 구워 먹으니 어쩜 그리 맛있던지. 유통 기한이 지나 잘 숙성된 거라 더 맛있었던 걸까. 기한 따위야 배고픈 우리에겐 어차피 아무 의미도 없는 것이니까, 맛있다고 호들갑을 떨며 먹어 댔다. 곧이어 잘 삶아진 감자도 호호 불어 가며 맛나게 까먹었다.

유통 기한이 지난 게맛살과 감자 두 알로 이렇게까지 행복할 수 있는 사람이 또 어디 있으랴. (7월 11일)

길 위에서의
두 번째 첫 미사

순례 스물여섯째 날, 진도에서 목포까지

아침에 일어나서 또다시 감자를 삶았다. 남은 게맛살도 몇 개 더 구웠다. 역시 기가 막히게 맛있는 아침. 먹을 것을 제때에 먹을 수 있다는 것은 참으로 황홀한 일이다. 그렇게 식사를 마치고, 점심에 먹을 감자 몇 알을 챙겨서 성당을 나섰다. 허락 없이 주방을 뒤져서 죄송하다는 메모를 남겨 놓고 말이다. 그저 감사할 뿐이다. 마치 우리를 위해서 일부러 놓아두신 것 같은, '유통 기한이 두 달 지난 게맛살'이라니.

성당을 나선 지 얼마 안 되어 히치하이크를 하는데, 남녀 한 쌍이 탄 차가 섰다. 무전여행을 하는 우리가 신기해 보였는지, 기꺼이 태워 주겠다고 했다. 자기들도 진도에 관광을 왔는데 시간이 있으면 같이 돌아다니자는 말과 함께. 그렇게 그분들과 함께 반나절짜리 진도 투어에 올랐다. 생각 외로 이것저것 볼거리가 많았지만, 우리에게 관광은 큰 의미가 없었다. 그저 우리에게 선의를 베풀어 주신 그분들께 감사한 마음뿐이었다.

아침에 싸 온 감자로 허기를 채워 가며 걷다가, 차를 타다가, 저녁 무렵에야 어렵사리 목포에 도착할 수 있었다. 진이 다 빠진 터라 일단은 갓바위 공원에 가서 조금 쉬기로 했다. 물론 그곳에도 특별한 것은 없었다. 바다가 보이는 공원이 있고, 그곳에서 잠깐이나마 쉴 수 있었다는 것 말고는. 이렇게 돌아다니다 보니, '하늘 아래 새로운 건 없다.'라는 결론에 다다르게 되는 것 같다. 처음엔 그렇게 열심히 무언가를 보러 다녔지만, 이젠 무엇을 보아도 다 거기서 거기인 것 같다. 별것 없다는 걸 알면서도 굳이 그 별것 아닌 것을 보아야 직성이 풀리는 우리가 우습게 느껴지기도 하고.

잠깐 쉬다가 연동 성당으로 향했다. 그런데 이게 어쩐 일인가. 연동 성당에서 새 신부님의 첫 미사가 있다는 것이었다. 대개 일 년에 한 번 정도 참례하게 되는 첫 미사건만, 여행 중에 벌써 두 번째라니. 이것 참, 하느님께서 지켜보고 계신 걸까. 우리를 이렇게 인도해 주시는 걸까. 일부러 알고 간 것도 아닌데, 마침 그 시간에 첫 미사가 있다는 사실이 놀랍게만 느껴졌다.

하지만 기쁨도 잠시. 첫 미사라 그런지 사람도 많고, 신부님도 굉장히 바쁘신 것 같았다. 이곳에선 왠지 잘 수 없을 것 같다는 느낌이 밀려왔다. 은혜로운 첫 미사임에도 잠자리 걱정 때문에 집중이 되지 않았다. 솔직히 말하자면, 아직도 이런 걱정에서 놓여나지 못하는 자신이 우스웠다. 그렇지만 아직은, 어쩌면 앞으로도 한동안은, 아니 어쩌면 언제까지고 이럴 수밖에 없겠지. 모든 것을 주님께 내어 맡기자고 스스로 다짐했건만, 고통을 감내하기 위해 광야의 길로 나섰건만, 나는 여전히 이 모양이었다.

잠자리, 의복, 먹을 것에 불안을 느끼고 걱정한다는 것은 하느님께 전적으로 의탁하지 못한다는 것이다. 예수님께서 당신 제자들에게 '아무것도 가지지 말고' 길을 나서라고 말씀하셨건만, 나는 아직도 그 말씀에 의지하지 못하고 있다. 사실 아직도 진정으로 하느님을 생각하지 못하고 있는지도 모르겠다. 내게 필요한 것들을 배낭에 바리바리 짊어지고 다니면서도 잠자리를 걱정하는 꼴이라니. 아직도 나를 완전히 비우고 하느님께 달려가지 못하고 있었다. 모든 것을 하느님께 의탁한다는 것은 대체 얼마만큼의 투신을 의미하는 것일까.

 짐작대로 성당에서는 잠자리를 마련해 주기 어렵겠다는 뜻을 밝혔다. 우리는 보금자리가 되어 줄 곳을 찾아 비 오는 밤거리를 걸었다. 성당에서 잘 수 없다는 것을 머리로는 이해하겠는데, 역시 마음은 외롭고 쓸쓸했다. 배도 고파 오기 시작했다. 아침과 점심에 먹은 감자는 배 속에서 사라진 지 오래. 나의 위장은 무언가 새로운 먹을 것을 보내 달라고 보채기 시작했다. 잘 곳도 먹을 것도 없다는 것은, 사람을 한없이 처량하게 만들었다.

 비 내리는 목포의 쓸쓸한 밤거리. 거리를 거닐다 빵집을 만나면 빵을 얻고, 다시 거리를 거닐다 빵집이 보이면 빵을 얻고……. 밤이 깊어 가도록 하염없이 그렇게 걸었다.

 내가 의지할 곳은 어디인가.

 하느님뿐인가,

 아니면 나 자신뿐인가. (7월 12일)

역에서
노숙한다는 것은

순례 스물일곱째 날, 목포에서 광주까지

'두 번 다시 역에서 자는 일이 없기를.' 일기의 첫머리에 이렇게 적는다. 이게 지금의 내 솔직한 심정이니까.

어제저녁, 잘 곳을 찾아 헤매다가 목포역에서 노숙을 하기로 결정했다. 노숙자들 틈에 끼어 마음 졸이며 빵을 먹고, 역내 화장실에서 대충 씻고 어렵사리 잠을 청했다. 이런 상황에서 잠들기란 몹시도 어려운 일이었다. 자리를 잡고 앉아서 잠을 자려니 어딘지 이상한 느낌의 아주머니가 와서 앉았다. 혹시라도 내 전 재산인 배낭을 가져갈까 봐 잠을 잘 수가 없었다. 졸다가 깨서 옆을 한 번 보고, 배낭 한 번 확인하고, 용태 쪽도 한 번 보고. 그렇게 세 시간쯤 지난 뒤 그 아주머니는 갑자기 일어나 가 버렸다.

'이젠 좀 편안하게 잠을 잘 수 있을까?' 생각하던 찰나에 어떤 아저씨가 왔다. 이분 역시 상당했다. 술 냄새를 비롯한 온갖 냄새가 코를 찔렀다. 아저씨는 앉자마자 바로 잠들었지만, 나는 왠지 모를 불편함에 쉽사리 잠을 이룰 수가 없었다. 뭐라고 설명할 수는 없지만, 그분 옆에 있는 것이 어색하고 불편했다.

앉아서 졸다 깨다를 반복하다가 결국 날이 밝았다. 피곤해서 죽을 것만 같았다. 한숨도 제대로 자지 못한 느낌이었다. 물론 나도 그들과 같은 처지였지만, 그러한 처지를 느껴 보고자 길 위에 나선 것이지만, 생각처럼 쉽지만은 않았다. 앉아서 잔다는 것도, 그들 틈에서 잔다는 것도 어색하고 힘들었다. 그 아저씨들은 돗자리도 깔고, 이불도 덮는 등 자신들의 영역에서 편히 지내는 것 같았지만 난 아직 거기에 낄 만큼은 못 되는 것 같았다.

그렇게 하룻밤을 보내고 났더니 '두 번 다시 이런 곳에서 자고 싶지 않다.'라는 생각만이 머릿속을 맴돌았다. 차라리 아파트 계단이 더 나을 거라는 생각이 끊임없이 떠올랐다. 잠을 제대로 자야 체력이 회복되고, 그래야 이 순례를 마칠 수 있을 거라는 생각도 들었다.

그래, 솔직히 다 맞는 생각들이다.

그런데 왜 이렇게 씁쓸한 걸까.

결국 나 자신의 나약함을 또다시 체험한 것이었다.

목포역, 그곳은 나 자신의 한계를 바라보게 했다.

신학과 2학년 여름 방학 때였나. 3박 4일 광야 체험 때 천안역에서 노숙했던 기억이 떠올랐다. 물론 그때도 피곤하기는 마찬가지였지만 지금 같은 느낌은 아니었다. 노숙자 아저씨들이 따라 주시는 맥주를 마시기도 하고, 그분들과 조금은 말을 나눠 보기도 했더랬다. 대합실에 앉아서 자는 건 역시 불편했지만, 그 안에서 '노숙자들도 우리와 똑같은 사람이구나.'라는 걸 느꼈었다. 대합실 TV에서 야한 장면이 나오면 모두가 우르르 몰려들고, 여성 노숙자에게 치근덕거리다가 다투기도 하고……. 그때 만난 그분들은 보통 사람들처럼 먹을 것에 대한 욕구나 성적인 욕구를 갖고 있었고, 때로는 누군가에게 베풀며 기뻐할 줄도 아는 분들이었다.

그때는 그렇게 느낄 수 있었는데, 왜 어제는 불편한 마음만 가득했던 걸까.

머릿속에 제일 먼저 떠오른 건, '빵'이었다. 비록 보잘것없었지만, 우리에게는 빵집에서 얻은 빵이 있었다. 그랬다. 우리가 가진 무엇, 지켜야 하는 무엇, 남에게 내어 줄 수 없는 무엇이 있었다. 그 '무엇'에 대한 집착이, 애초부터 그분들을 우리의 이웃으로 볼 수 없게 만들었는지도 모르겠다. 그분들이 혹시나 달라고 할까 봐 마음 졸이며 빵을 먹었던 바로 그 순간, 우리는 이미 그분들과 단절되어 버렸는지도 모른다. 나의 영역을 침범하는 불한당이요, 나의 배낭을 노리는 절도범이 될 수밖에 없었던 것이다. 그렇게 느낀 순간 나의 마음엔 하느님이 자리하지 않았다. 서글프게도 오직 나와 나의 짐만 있었다. 결국, 내가 가진 '아주 작은 것'이 '더 작은 것'을 가진 그분들과의 만남을 가로막았던 것이다.

또 하나 떠오른 생각은, '내가 이미 20일 넘게 무전여행을 했다'는 자각이었다. 예전에는 고작 사흘이라 다른 잡생각을 할 겨를이 없었다. 주어지는 모든 순간을 있는 그대로 받아들이고, 그 안에서 주님을 만나자는 마음뿐이었기에, 훨씬 더 많은 가능성을 안고 있었다. 하지만 지금은 나도 베테랑이었다. 스무 날이 넘게 여행을 하면서 나름대로의 방식을 세울 수 있었고, 이젠 그 안에서 여행하는 것이 편했던 것이다. 사실 이런 때일수록 수많은 가능성이 사라진다. 잠자리, 먹을 것, 볼거리에 대한 기준이 이미 세워져 있기 때문이다. '노숙자의 이웃이 된다는 것'은 애초부터 생각하지 않았던 일이었는지도 모른다.

　이런저런 생각들을 해 보았지만, 사실 잘 모르겠다. 어제 내 마음이 어땠는지, 왜 그럴 수밖에 없었는지, 앞으로 어떻게 나아갈 것인지, 잘은 알 수 없다. 어쨌든 어제 나는 정말 불편한 밤을 보냈고, 두 번 다시 그런 경험을 하고 싶지 않다. 문제는 잠자리일까, 아니면 나의 마음일까.

　피곤한 몸을 이끌고 목포를 빠져나가기 시작했다. 어쩌면 그렇게 끝이 없는지. 우리는 목포의 도심을 빠져나가려 걷고, 걷고, 또 한참을 걸었다. 차를 얻어 타고 나니 그제야 목포를 빠져나온 느낌, 간밤의 우울한 기억이 조금은 걷히는 느낌이었다. 우리는 광주로 향했다.

　광주 역시 전에 살았던 적이 있다. 아주 어릴 때여서 어디에서 살았는지 뭐가 있었는지 잘 기억나지는 않지만, 가족과 함께 무등산에 자주 갔었다. 그리고 아버지께서 직접 겪지는 않으셨지만, 종종 입에 올리셨던 5·18도 떠올랐다. 광주에 도착하니, 역시 기억나는 거리는 하나도 없었지만 먼저 5·18 기념공원에 가 보고 싶었다. 머리로 알고 있는 그 역사를 직접 느껴

보고 싶었다. 광주 시민들은 5·18을 제대로 알리는 데 대단한 사명감을 갖고 있는 것 같았다. 원래 그쪽으로 가려던 분도 아닌데, 5·18 이야기를 꺼냈더니 굳이 우리를 데려다 주실 정도였으니 말이다. 하지만 얼마나 깊은 상처며, 얼마나 슬픈 상처일까. 이제는 당당히 이야기할 수 있는 역사이지만, 그때 받은 상처는 얼마나 치유되었을까. 슬픈 마음으로, 그러나 진실이 승리했다는 기쁨도 뒤섞인 채로 5·18 기념 공원을 방문했다. 이어서 5·18 자유 공원, 농성 교차로, 금남로를 거닐었다.

  5·18은 정말 아픈 과거였다. 이미 알고 있는 내용들이었지만, 막상 그 현장을 마주하니 가슴이 저밀 정도로 아팠다. 기분이 이상했다. 내가 그때 광주에 있었다면 어땠을까. 진실을 위해 나 자신을 희생할 수 있었을까. 어쩌면 내가 이렇게 살고 있는 것도 그분들의 희생 때문이 아닌가. 내가 지금 이렇게 살아 숨 쉬고 있는 것은, 내가 그때 그곳에 있지 않고, 지금 이곳에 있기 때문이 아닌가. 그렇다면 지금 내가 영위하고 있는 이 삶은 단순히 운이 좋았기 때문인가.

  하느님.

  희생.

  운명.

인간은 이 앞에서 무어라 말할 수 있는가. 나는 아무것도 말할 수 없다. 분명한 것은 나의 현재 삶이 누군가의 희생을 바탕으로 이루어졌다는 것이고, 지금 우리의 삶 역시 어떤 의미에서 누군가를 위한 희생일 수 있다는 것이다. 결국 중요한 것은 지금 내게 주어진 이 순간을 소중히 산다는 것, 그리고 내게 주어진 조건들을 감사하는 마음으로 받아들이는 것이리라. 5·18 역시 슬픈 역사이기는 하지만 그분들의 희생을 기억하고, 내 안에서 그분들의 마음을 살아갈 때에 비로소 그 역사가 의미를 찾게 되는 것이겠지.

우리가 광주에 있다는 소식을 들은 홍정수 베드로가 광주에 오겠다고 했다. 물론 우리만 보러 오는 것은 아닌 것 같고, 다른 친구도 보기 위해 겸사겸사. 아무튼 광주역까지 가서 정수를 만났다. 오랜만에 보는 터라 더 반가웠다. 방학 때는 한두 달 헤어져 있어도 별 느낌이 없었는데, 고작 여행 27일 만에 보는 친구는 왜 이리 반가운지. 정수와 함께 금남로를 지나 도청까지 걸으며 슬프디슬픈 역사를 가슴에 담았다. 그리고 정수의 친구와 합류해 함께 밥을 먹고 차를 마신 뒤 아쉽게 헤어졌다.

그러고 나서 다시 용태와 둘이 광주에 남았다. 오늘은 용태의 군대 친구네에서 자기로 했다. 여기까지 왔으니 용태는 친구가 보고 싶기도 했을 것이고, 여정 초반처럼 지나치게 엄격한 잣대를 내세울 필요는 없다는 생각이 들었다. 처음엔 완진이를 부르는 것조차 꺼려 했던 우리였지만 이제는 어깨에서 힘을 좀 빼기로 했다. (7월 13일)

인연

순례 스물여덟째 날, 광주에서 산동까지

용태 친구네 집에서 눈을 떴다. 확실히 집에서 잔다는 것은 편하고 기분 좋은 일이었다. 상쾌하게 일어나서 세수하고 밥 먹는 것으로 하루를 시작했다. 그런 다음 용태 친구와 누나, 누나의 친구와 함께 무등산에 올랐다. 광주에서 내 기억 속에 남아 있는 거의 유일한 곳. 물론 길이 어떻게 생겼는지, 어떤 것들이 있었는지 전혀 떠오르지는 않았다. 그저 자주 갔었다는 막연한 기억만 남아 있을 뿐. 기억 속에 남아 있던 것보다 훨씬 넓고 큰 산이었지만, 그래도 반가운 느낌이 들었다. 길 위에 있다는 것을 잠시나마 잊을 수 있어서 그랬는지도 모르겠다. 아무튼 반가운 산길을 여유롭게 걷는다는 것은 참 행복한 일이었다.

이어서 청자 도요지, 청풍원 계곡에 들렀다가 담양 관방제림을 찾았다. 역시 특별한 건 없었지만, 그래도 좋았다. 신록의 푸름도, 여유 있게 걷는다는 것도, 자연을 벗 삼아 노니는 것도 기쁜 일이었다. 담양에서 용태 친구가 사 주는 국밥을 먹으며, 담양에서는 3,000원짜리 국밥에도 죽순이 들어간다는 사실에 놀라는 것도 기쁜 일이었다. 어깨에서 힘을 좀 빼서 그런지 확실히 모든 것이 좀 더 편안하게 다가왔다. 조금 더 여유 있게, 조금 더 어깨에서 힘을 빼고, 그렇게.

인연.
세상에 인연이라는 말만큼 오묘한 말도 없을 것이다.
내가 용태와 어떻게 만나 여행을 하게 되었으며,
용태는 그 친구를 군대에서 어떻게 만나게 되었으며,
어떻게 광주에서 다시 만나 이렇게 신세를 지게 되었는가.
모두가 인연이다.
인연은 인연을 만들고,
한 인연이 헤어지면 다시 새로운 인연이 싹트게 마련이다.

우리는 이 길을 걸으며 어떤 인연을 만들고 있는 걸까.

국밥을 먹은 뒤 친구 일행과 헤어져 남원으로 향했다. 담양에서 순창으로 가는 24번 국도는 아주 멋졌다. 굵은 가로수가 왕복 2차선 도로의 양 옆을 따라 죽 늘어서 그늘을 드리우고 있었다. 갓길이 거의 없어서 걷기는 조금 불편했지만, 그래도 그늘이 드리워진 길은 무척 아름다웠다. 뜨거운 햇살 대신 가로수 그늘을 온몸으로 흠뻑 느끼며 한참을 걸었다.

그렇게 걷다 보니, 이대로 가다가는 날이 어두워지기 전에 남원에 도착할 수 없을 것 같다는 생각이 들었다. 국도 변에서 밤을 맞는다는 건 내키지 않는 일이었기에, 히치하이크를 하기로 했다. 그나마 차가 잘 설 것 같은 길목을 골라 엄지손가락을 내밀었다. 처음 지나가던 차가 멈췄다. 가는 방향이 달랐다. 다음 차도 연이어 멈췄다. 역시 가는 방향이 달랐다. 어쩐 일일까, 그렇게 두 대가 연달아 서더니 다음부터는 전혀 잡히지 않았다. 약속이라도 한 듯, 차들은 모조리 우리를 지나쳐 버렸다. 간혹 잡히는 차들도 모두 방향이 달랐다…….

그렇게 40분이 지났다. 우리에겐 치욕적인 기록이었다. 한 번도 그렇게 오랫동안 기다려 본 적은 없었다. 그렇게 좌절하고 있는데, 결국 차가 한 대 잡혔다. 나이 지긋한 아주머니가 모는 작달막한 티코였다. 처음에는 순창까지 태워 주겠다고 하셨다. 그게 어디냐며 차에 올라탔다. 우리 사정을 묻기에, 지나온 여행 이야기를 들려드렸다. 아주머니는 별다른 반응 없이 계속 운전하셨다. 정말로 계속.

　순창을 지났다. 차는 멈추지 않았다.
　남원을 지났다. 차는 멈추지 않았다.
　구례 표지판이 보였다. 차는 여전히 달리고 있었다.
　의문이 극에 달할 때 즈음, 결국 차는 방향을 돌려 구례 읍내 근처의 작은 마을로 들어갔다. '산동'이라는 시골 마을이었다. 아주머니는 절 비슷하게 생긴 건물 앞에 주차를 하더니, 내리라고 하셨다. 뭐가 뭔지 알 수 없었다. 우리의 머릿속에는 의문 부호만 잔뜩 찍혀 있었다. 그래도 아주머니의 인상이 좋아서 그리 두렵지는 않았다. 건물 안으로 들어가 손님방처럼 보이는 곳을 안내해 주시더니 짐을 풀고, 씻으라고 하셨다.
　그러고 나서 주방으로 오라고 하시기에 가서 밥 차리는 것을 도왔다. 대충 반찬을 꺼내 놓고, 가지를 튀기는 것으로 저녁 준비가 끝났다. 그런데 '이럴 수가!' 정말 맛있었다. 흔한 채소 종류인데, 자극적인 향신료는 쓰지 않은 것 같은데, 고작 가지를 기름에 튀겼을 뿐인데, 대체 왜 그렇게 맛있는지 알 수 없을 정도였다. 특별한 메뉴나 고기반찬 같은 건 없었지만, 정말이지 엄청나게 맛있었다. 특히 가지 튀김은 감동적일 정도였다. 지금까지 먹어 봤던 모든 가지 요리 중에서 단연 최고였다.

먹는 동안에는 아무런 생각도 안 나다가, 감동적인 저녁 식사를 마치고 나니 다시 의문이 몰려 왔다. '이분은 누굴까?', '무엇하는 분일까?', '이곳은 대체 어디일까?', '왜 우리를 데려온 것일까?' 독특한 분위기를 지닌 그 아주머니는 별다른 설명을 해 주지 않으셨다. 그래도 불안하지는 않았다. 여전히 궁금한 것투성이였지만, 선의를 가지고 우리를 대하시는 것은 확실한 것 같았다. 잘 이해할 수는 없었지만, 그냥 자연스럽게 흘러가는 느낌이었다.

식사를 마치고 마당으로 나오니, 뜰 한쪽에 불상이 세워져 있는 것이 보였다. 불교의 작은 종파 가운데 하나인 걸까. 우리는 대답 없는 그 불상 곁에 앉아 밤하늘을 바라보며, 아주머니가 내주신 귤을 까먹으며, 대답할 수 없는 질문을 서로에게 던졌다. 그러는 가운데 적막한 어둠 속에서 밤은 점점 깊어 갔다.

아무래도 좋다.

잠자리도 있겠다, 저녁도 먹었겠다, 그다음 일은 어떻게든 되겠지. 확실한 건 아무것도 없지만, 일단은 자야겠다. 주님의 은총에 감사드리며, 저녁과 잠자리를 마련해 주신 아주머니께 감사드리며, 작은 티코를 만나게 해 준 24번 국도에 감사하며.

인연이란 대체 무엇일까.
우리는 만남이나 삶에 대해 얼마나 이해하고 있는 것일까.
사실, 전부 이해할 수 없다 해도 괜찮을 것이다.
'지금의 나'도 인연의 흐름 속에 있는 거니까.
지금 이곳에서 잠을 청하려는 것도,
그들 식으로 말하자면 '좋은 인연'이겠지.
고맙습니다, 하느님.
좋은 인연을 허락해 주셔서. (7월 14일)

전주, 전주, 전주!

순례 스물아홉째 날, 산동에서 전주까지

어젯밤을 보냈던 곳은 예상했던 대로 절이었다. '국제도덕협회', 혹은 '일관도'라는 이름의 소수 종파였다. 우리를 데려와 밥까지 차려 주신 아주머니는 절의 주지 스님 정도 되는 '점전사'라고 하셨다. 처음 들어 보는 곳이었지만, 신기하게도 우리 집 근처인 선화동에 지부가 있다고 하셨다. 이것도 인연의 끈이 닿은 것이라 할 수 있을까.

그나저나 이곳에서의 하룻밤은 좋은 기억으로 남을 것 같다. 맛있는 저녁 식사와 따스한 잠자리, 그리고 불상 옆에서 바라보았던 고요한 밤하늘까지. 살아가다가 다시 한 번 '일관도'

라는 이름을 들으면 나도 모르게 미소 짓게 되지 않을까. 한 사람의 선행으로 말미암아 그 사람이 속해 있는 곳까지 아름다워 보이다니. 정말 신비롭다. 우리가 하느님의 이름으로 한 사람을 받아들일 때에도, 이런 아름다움이 피어날 수 있을까. 거창하게 교회의 이름을 내걸지 않더라도, 우리 한 사람 한 사람이 하느님의 사랑을 전할 수만 있다면 세상은 좀 더 행복해질 것 같은데. 자비라는 이름으로 행해지는 전교가 아닌, 순수한 사랑이 있는 곳이라야 이런 신비가 일어날 수 있을 것 같다는 생각이 든다. 결국, 사랑만이 희망이고 사랑이야말로 우리의 전부다.

문득 불교 용어 하나가 생각난다. '무주상보시無住相布施.' 특별히 아는 사이도 아니고, 우리가 청한 것도 아닌데, 대가 없이 우리에게 선행을 베풀어 주신 그분. 그저 우리의 이야기만 듣고서도 인연이 닿았다 생각하며 친절을 베풀어 주신 그분. 결국 어떠한 종파나 종교든, '사랑과 자비'의 삶을 살아가려 한다는 것을 새삼 깨닫는다. 우리 역시 그렇게 살아갈 수 있을까. 나에게 다가오는 '가장 작은 이'를 예수 그리스도로 받아들이며 언제나 사랑할 수 있을까.

아침 일찍 일어나 다시 길 위로 나설 시간. 워낙 작은 산골

마을이라 나가기 힘들 거라 생각했는지, 아주머니께서 남원까지 태워 주셨다. 원래 목적지였던 남원에 드디어 입성! 과연 춘향전의 무대답게, 읍내에는 춘향전을 소재로 만든 '춘향 테마파크'가 커다랗게 자리 잡고 있었다. 그냥 지나치기는 아쉬워서 혹시나 들어갈 수 있을까 입구 쪽을 기웃거려 보니, 입장료가 1,600원이라는 안내판이 눈에 띄었다. '어떻게 해야 하나?' 한참을 머리를 맞대고 고민하다가, 월담을 해 보기로 했다. 그래도 여기까지 왔는데 그냥 지나치기는 아쉽고. 입장료를 낼 돈은 없고, 그렇다고 사정을 말해도 들여 보내 주지는 않을 것 같고……. 결국 눈 질끈 감고 담을 넘었다. 매표소 쪽에서 멀리 떨어진 언덕을 조금 올라가 그리 높지 않은 담장을 탐색, 잽싸게 뛰어넘었다. 훌쩍 담을 넘어서 이리저리 둘러보니, 과연 볼거리들이 많았다. 곳곳에 심은 나무며 꽃도 무척 아름다웠고, 춘향전의 장면들을 재현해 놓은 모형들도 많이 있었다. 하지만 죄짓고는 마음 편히 못 산다고, 마음이 몹시 불편했다. 그래서일까. 날씨도 화창하고 볼거리도 다양했지만 오래 머물고 싶은 마음은 들지 않았다. 결국 서둘러 나와 버렸다.

맞은편에는 실제 광한루가 있었지만, 또 월담을 하고 싶은 생각은 들지 않았다. 모험은 한 번으로 족했다. 게다가 이번에는 내 키를 훌쩍 넘는 높은 돌담. 호락호락한 담도 아니다. 춘향전의 실제 무대는 입구만 보는 것에 만족하기로 결정, 광한루 앞에서 잠깐 머물다가 다음 목적지 전주로 출발했다.

아, 전주는 그야말로 탄성이 절로 나오는 곳이었다. 둘러볼 것도 많을 뿐더러, 볼거리의 차원을 넘어서는 기품이 서려 있었다. 어딘지 모르게 우아하고 고고한 분위기가 도시 전체에 흐르고 있다고 할까. '문화 도시'라는 이름에 걸맞은 느낌이었다. 그렇게 큰 곳 같지는 않은데, 어디서 그런 저력이 나오는지 모르겠다. 이런 곳이라면 오래도록 머물러 있어도 좋을 것 같았다. 여행의 초입 무렵, 단양에서 살면 참 좋겠다는 생각을 한 적이 있었는데, 지금은 전주에 눌러앉고 싶은 심정이다.

전주로 들어가는 입구에 우리네 성지인 치명자산이 있었고, 죽 걸어서 들어가면 한옥 민속 마을을 볼 수 있었다. 한옥의 아름다움에 새삼 감탄하며, 이런 아름다움이 사라지는 현실에 슬퍼하며……. 시내 한복판으로 나와 풍남문, 경기전, 전동 성당 등을 둘러보았다. 아, 정말이지, 눈을 돌리는 곳마다 '무언가'가 있었다. 똑같이 사람 사는 동네인데 어쩌면 이렇게 아름다운지. 정말 매력적인 도시였다. 볼거리가 많음에도 불구하고, 유명 관광지 같은 느낌이 들지 않는다는 것도 매력을 더했다. 입장료를 받는 곳은 하나도 없었고, 다른 관광지처럼 시끄럽거나 복잡하지도 않았다. 편안한 마음으로 좋은 시간을 보낼 수 있도록 배려해 준 전주에 고마움을 전한다. 가난한 여행자의 진심을 담은 감사를.

전주에는 용태의 절친한 친구가 살고 있어서, 오늘도 저녁 식사와 잠자리를 해결할 수 있었다. 볼거리들을 모두 둘러보고 잠시 은행에 들어가 에어컨 바람을 쐬며 피서를 즐기다가, 용태의 친구를 만났다. 일단 밥부터 먹었다. 전주에서 유명한 전주비빔밥 식당 중에서도 가장 맛있는 집이란다. 으리으리한 식당에서 파는 비빔밥 한 그릇이 무려 9,000원! 비싸다는 생각이 들었지만, 막상 먹어 보니 정말 맛있었다. 우리처럼 가난한 여행자에게 어울리는 음식은 아니었지만, 그래도 '하늘에서 내려 주신 음식'이니 감사히 먹어야겠지.

식사를 마치고 그 친구네 집으로 갔다. 친구 누나의 귀여운 아기도 보고, 누나가 해 주는 닭백숙과 닭죽도 맛나게 먹었다. 행복했다. 언제나 느끼는 것이지만, 길이 아닌 집은 확실히 편했다. 안정적이고, 따뜻하고, 편안하고. 반면에 길 위의 삶은 얼마나 불안하고, 춥고, 불편한가. 하긴, 길 위에 있기에 지금과 같은 편안함을 감사하게 느낄 수 있는지도 모르지.

뭐, 아무래도 좋다. 지금 이 순간, 편안하게 잠을 청할 수 있다는 것은 얼마나 감사할 일이냐. 잠자리에 누운 이 순간의 결론은 이거다. "하느님, 감사합니다!" (7월 15일)

잡지에서 본
작은 성당을 찾아

순례 서른째 날, 전주에서 용안까지

오늘의 목표는 익산. 이름만으로도 왠지 푸근한 느낌이 드는 동네다. 낯선 이름에서 느껴지는 생경함이 없다. 사실 당연하다. 큰집이 익산에 있어서 명절 때마다 이곳에 왔으니까. 시내 지리는 전혀 모르지만, 그래도 다른 동네와 달리 익숙했다. 큰집 근처에 왔다는 안도감도 느껴졌고.

전주에서 익산으로 올라가는 길목에 큰집이 있었지만, 들르지 않고 그냥 지나치기로 했다. 신자가 아니셨기 때문인지, 내가 신학교에 가는 걸 받아들이지 못하셨던 큰아버지. 과연 지금 나를 보면 반가워하실까. 솔직히 자신이 없었다. 큰어머니야 마냥 반기시겠지만, 그래도 들르고 싶지 않았다. 좀 더 솔직하게 말하자면, 어색한 분위기를 피하고 싶었는지도 모르겠다. 어쩌면 내가 선택한 삶을 이해시키기 위해 큰아버지와 대화를 나눌 용기가 없었던 건지도 모른다. 언제쯤 친척들 얼굴을 보며 자연스럽게 신앙에 대한 이야기를 할 수 있을까. 그런 날이 오기는 할까.

복잡한 심정으로 큰집을 지나쳐 익산 시내로 들어갔다. 마음이 편치 않아서 무언가를 볼 여유가 없기도 했지만, 익산 시내엔 특별히 들를 곳이 없었다. 원불교의 본고장답게 원광대학교와 원불교 중앙 총본부가 있기는 했지만, 지금은 들어가고 싶지 않았다. 사실 원불교에 대해서 궁금하기도 하고, 한번쯤은 원불교 신자들과 이야기를 나누어 보고 싶기도 했지만, 지금의 몰골로는 아무래도 실례일 것 같았다. 꼭 지금이 아니더라도, 언젠가 인연이 닿으면 만날 날이 있겠지. 그것이 하느님의 뜻이라면.

우리는 익산의 위쪽 끄트머리에 있는 용안면으로 올라갔다. 어제 용태 친구를 기다리며 보았던 한 잡지에 실린 '용안 성당'에 가 보고 싶었다. 어느 신부님의 관심과 사랑으로 사제 성소가 뿌려져, 아주 작은 성당임에도 성소가 끊이지 않았다고 했다. 한 사제가 뿌린 씨앗이 그토록 풍성한 결실을 맺다니. 놀라운 내용이라 눈으로 직접 확인해 보고 싶었다. 물론 오래전의 이야기라 요즘은 새로운 성소자가 나지 않지만, 그래도 아직 신학생은 남아 있다고 적혀 있었다. 성당에 가면 그 신학생을 만나 이야기를 들을 수 있을 것 같았다. 물론 잠자리 제공에 대한 일말의 기대도 있었고.

용안까지 거리가 꽤 되는 것 같아서 히치하이크를 하기로 했다. 적당한 곳에서 엄지손가락을 내밀고 있는데, 저 멀리 경찰차가 보였다. 어째 점점 속도가 느려지더니, 결국 우리 앞에 차가 멈췄다. '설마 우리를 태워 주려는 건가?' 그랬다. 순찰을 돌던 차가 우리를 태워 주려는 거였다. 무전여행을 하면서 이런저런 차들을 참 많이도 타 본다고 생각했는데, 이젠 경찰차까지 타 보다니. 그렇게 팔자에 없던 '경찰차 신세'를 지게 되었다.

그런데 경찰 아저씨가 용안이라는 동네를 잘 모르는 것 같았다. 익산 시내만 순찰해서 그런가, 아무튼 좀 불안했다. 이리저리 헤매다가 결국 우리를 내려 준 곳은 건물이라고는 보이지도 않는 논 한복판. 여기서 조금만 더 걸어가면 성당이 나올 거란다. 우리도 길을 잘 모르니 별 수 있나, 내려서 찾아보는 수밖에. 결국 한참을 헤매다 물어물어 겨우 용안 읍내로 들어갈 수 있었다. 읍내라고 해 봐야 우리 대전 신학교가 있는 전의보다 훨씬 작았다.

우여곡절 끝에 용안 성당을 찾았더니, 예상대로 소박한 시골 성당이었다. 이젠 어떻게 해야 할까 고민하던 차에 성당 마당에 있는 수돗가가 보였다. 일단 세수부터 하고 있는데 갑자기 누군가 다가와서 말을 걸었다.

"어떻게 오셨어요?"

느낌이 왔다.

'신학생이구나.'

여차여차 우리의 사정을 설명하자, 알았다고 고개를 끄덕이더니 미사 시간을 알려 주었다. 그러고는 어디론가 사라졌다가, 잠시 후에 주스를 가져와서 먹으라며 내밀었다. 갈증이 싹 가셨다. 예수님께서 말씀하신 '냉수 한 잔'이 바로 이런 의미로구나.

"이 작은 이들 가운데 한 사람에게 그가 제자라서 시원한 물 한 잔이라도 마시게 하는 이는 자기가 받을 상을 결코 잃지 않을 것이다."(마태 10,42)

"미사 때까지 기다리실 거예요?"

"네, 일단은요."

"그럼 신학생 방에서 기다리실래요? 목이라도 축일 겸 맥주라도 한잔하시죠."

"아유, 저희야 감사하죠."

난데없이 벌어진 때 이른 술자리. 미사가 7시 30분이라서 딱 목 축일 정도로 마실 수밖에 없었지만, 그래도 술잔을 기울이며 이런저런 이야기들을 나누었다. 용안 성당의 성소 이야기는 잡지에서 읽었던 대로였다. 예전에 계시던 신부님께서 아이들을 지극히 사랑하셔서 한동안 성소가 끊이지 않았다고 했다. 지금은 신학생 한 명밖에 남지 않았지만, 얼마 전까지만 해도 연달아 사제가 났다고 했다. 정말 신기했다. 그 작은 본당에서 그렇게 성소가 이어졌다니. 한편으로는 우리 본당 생각도 났다. 신학생이라고는 항상 나 혼자였다. 나부터 좀 더 열심히 살고, 아이들에게 잘해 주었더라면 혹시라도 새로운 성소자가 나왔을까. 부럽기도 하고, 아쉽기도 한 마음으로 이야기를 들으며 맥주를 마시고 있자니 본당 교사들이 왔다. 작은 본당이라 해도 역시 교사들은 있구나. 그들과 함께 오순도순 저녁밥을 해 먹고, 함께 미사를 드렸다.

미사가 끝나니 신학생이 다가와서 묻는다.

"오늘 잘 데는 있어요?"

"아뇨, 아직……."

"그럼 여기서 두 분이 주무세요. 원래 방학 때 제가 사는 곳이긴 한데, 오늘 약속이 있어서 늦게 들어올 것 같거든요."

"네, 감사합니다."

이렇게 해서 오늘의 잠자리가 해결되었다. 딱히 청하지도 않았는데 언제나 채워 주시는 하느님께 그저 감사할 따름이다. 빗소리를 들으며 샤워를 하고 잠자리에 누워 눈을 감으니, 그저 감사한 마음만 가득하다.

하느님, 감사합니다. (7월 16일)

4부

가난에 대한 찬가

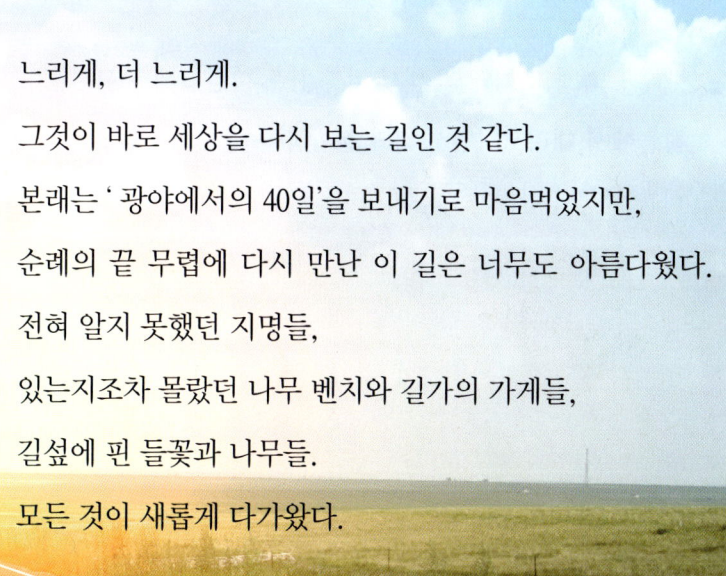

느리게, 더 느리게.
그것이 바로 세상을 다시 보는 길인 것 같다.
본래는 '광야에서의 40일'을 보내기로 마음먹었지만,
순례의 끝 무렵에 다시 만난 이 길은 너무도 아름다웠다.
전혀 알지 못했던 지명들,
있는지조차 몰랐던 나무 벤치와 길가의 가게들,
길섶에 핀 들꽃과 나무들.
모든 것이 새롭게 다가왔다.

쪽지 편지, 네 번째

가난, 너는 얼마나 아름다우냐!

예수 그리스도, 내 스승께서 너를 하도 아름답게 보셔서
하늘에서 내려오시면서 너와 결합하여
너를 일생의 반려자로 삼기까지 하셨으며
너와 더불어 십자가에 못 박혀 돌아가시기까지 원하셨다.

스승이여, 제게 그 아름다운 가난을 주소서.
저로 하여금 그것을 정성껏 찾고,
기쁘게 붙잡고 사랑으로 껴안아
제 일생의 반려를 삼고
제 스승과 같이, 예수 그리스도의 참된 가난한 사람이요,
나의 아버지인 아시시의 프란치스코 성인과 같이
그것과 더불어 나무 조각 위에서 죽게 하소서!

- 앙트완느 슈브리에, 《참다운 제자》 중에서

충남으로
들어오다

순례 서른하루째 날, 용안에서 논산까지

이제는 여행이 막바지에 이르렀다고 보아야 하나. 드디어 충남 입성!

아침 일찍 용안 성당을 나와서 강경 방면으로 방향을 잡았다. 익산에서도 이미 느꼈지만, 익숙한 지명은 그 자체만으로도 푸근함을 전해 준다. 강경으로 가고 있다는 생각만 해도 힘이 솟고, 발걸음이 가벼워지는 느낌이다. 익숙한 지명이라는 이유만으로도 구상의 시에서처럼 "반갑고 고맙고 기쁘다."

강경으로 가는 길목에서 나바위 성당에 들렀다. 나바위는 김대건 신부님께서 배를 타고 한국에 오시어 처음으로 땅을

밟으신 포구다. 예전에도 와 보았기에 엄청난 감격은 느껴지지 않았지만, 그래도 여전히 잔잔하고 깊은 의미를 전해 주었다. 우리네 삶은 무엇인지, 어디를 향해 가야 하는지, 길 위에 머물고 있는 이의 고달픔과 그 끝에 기다리고 있는 기쁨은 무엇인지. 그렇게 우린 성당 마당의 그늘에 앉아 걸어온 길과 걸어갈 길을 바라보았다.

나바위 성당에서 기쁘게 주일 미사를 드린 뒤, 논산으로 발걸음을 재촉했다. 강경을 거쳐, 채운을 넘어, 익숙한 표지판들을 만나며. 논산 시내로 가는 길에는 나의 모교, 대건고등학교에도 들러 보았다. 매점과 식당이 조금 달라지긴 했지만, 본관 건물과 봉화관, 등화관, 양업관 기숙사에 이르기까지 여전했다. 정겨운 학교를 둘러본 뒤, 양업관 뒷문으로 나가 봉화산을 넘어 논산 시내로 들어갔다. 어쩜 그리 익숙하고 반가운지. 학교에서 시내로 외출을 나갈 때 이용하던, 바로 그 길이었다. 발걸음을 따라 5년 전의 추억들이 새록새록 솟아났다. 그 느낌만으로도 무척 행복했다. 무언가를 추억할 수 있다는 것은 얼마나 기쁜 일인가. 길 위에 있다는 것은 언제나 미지의 것을 만날 수 있다는 가능성을 의미하지만, 그럼에도 불구하고 옛 기억은 우리에게 끝까지 걸어갈 힘을 주는 것 같다.

드디어 논산 중심가에 들어서서, 오거리 공원에 도착. 그곳에서 대교동 성당 남광근 프란치스코 살레시오를 만났다.

아는 사람이다.

동기 신학생이다.

거의 미칠 지경이다.

"광근아!"

정말 날아갈 듯 기뻤다. 집은 아니었지만, 이미 집에 온 것 같이 기뻤다. 신학교 안에서 서로를 이렇게 그리워하고 사랑해 본 적이 한 번이라도 있었을까. 그렇게 반갑게 상봉을 한 뒤, 광근이네 집에 가서 샤워를 했다. 그러고는 늦은 점심으로 라면을 끓여 먹었다. 텅 빈 배 속에 라면 국물을 흘려보낼 때의 기쁨이란! 그 충만함이란! 신학교 동기와 함께하는 샤워와 라면 한 개에 우리는 이다지도 행복할 수 있었다.

집에서 조금 쉬다가, 광근이가 나가는 시간에 맞춰서 우리도 부창동 성당으로 미사를 드리러 갔다. 광근이는 대교동 본당 소속이었지만, 폐인에 가까운 몰골을 하고 광근이네 본당 신부님을 뵙고 싶지는 않았다. 아침에 미사를 드려서 굳이 저녁 미사에 참례해야 할 의무는 없었지만, 우리는 부창동에서라도 미사를 드리고 싶었다. 광근이가 미사를 드릴 동안 딱히 할 일이 없기도 했거니와, 성당에 가고 싶다는 절실함이 우리 안에 있었기에. 마치 이등병 시절에 성당에 가고 싶어 어쩔 줄 몰라 했던 것처럼, 우리는 그렇게 부창동 성당에서 미사를 드렸다. 미사를 집전하시는 신부님, 곁에 계신 부제님 모두 익숙한 얼굴이었다. 반가움 속에서 기쁘게 미사를 드린 뒤, 광근이가 기다리는 집으로 돌아왔다.

광근이 어머니께서 우리를 위해 닭백숙을 끓여 놓고 계셨다. 무전여행을 하는 우리가 안쓰러웠는지, 몸보신을 위해서 특별히 준비하신 것 같았다. 어머니의 마음이란 이런 걸까. 아들의 친구마저 아들처럼 여기는. 엊그제 전주에서도 배가 터지도록 닭을 먹었지만, 이건 또 다른 감동이었다.

게다가 벗을 만났는데 술이 빠질 수야 있나. 우리는 막걸리 두어 통을 사다가 사발을 기울이며 닭고기를 뜯었다. 정말 오랜만에 만나는 친구, 간만에 마시는 술, 그렇게 분위기에 취하고 시간에 취하고 술에 취해 갔다.

"야, 너희 처음 봤을 때 어땠는지 알아?"

"어땠는데?"

"웬 남자 둘이 거지꼴로 거기 서 있나 싶더라."

"뭐? 이놈 자식!"

"진짜야! 얼마나 불쌍하던지. 하하하."

오랜만에 마시는 술이라 그런지, 얼마 마시지 않았는데도 금세 취기가 올라왔다. 취한다 해도 얼마나 행복한가, 벗과 함께 술잔을 기울인다는 것은. '걸인 두 사람이 벗을 만나 막걸리를 기울이며 닭다리를 뜯다.' 나름대로 그럴싸하지 않은가.

피곤함과 술에 취해 잠자리에 누웠다. 어쩐지 기분이 이상했다. 우리가 길 위에 있는 게 맞나 싶기도 하고, 한편으로는 '아, 이제는 거의 다 왔구나.' 싶기도 하고……. (7월 17일)

댓 씽 유 두

순례 서른둘째 날, 논산에서 웅천까지

논산에 온 김에 쌘뽈여고에 계신 이 데레즈 뽈 수녀님께 인사드리러 갔다. 고등부 예비 신학교 모임 때에 그렇게도 살뜰히 우리를 챙겨 주셨던 수녀님. 정말 오랜만에 뵙는 것 같은데, 여전히 푸근한 미소와 함께 그 모습 그대로셨다. 그동안 밀린 이야기도 나누고, 여행 이야기도 들려드리며 수녀님과 함께 즐거운 시간을 보냈다. 덩달아 쌘뽈여고 미술전도 구경하고, 맛난 빙수도 얻어먹고, 마지막으로 귀한 성모님 이콘까지 선물 받은 뒤 아쉽게 작별을 고했다. 긴 시간은 아니었지만, 참 기쁜 만남이었다. 언제나 그렇듯, 누군가와의 친밀한 만남은 그 자체로 진한 기쁨을 준다. 나 역시 존재 자체만으로도 누군가에게 기쁨으로 다가갈 수 있을까. 나로 인해 누군가 행복해질 수 있을까. 수녀님과의 짧은 만남을 통해 나 역시 그런 존재일 수 있기를 빌어 보았다.

수녀님과 헤어진 뒤 보령으로 향했다. 그리고 보령의 웅천 땅에서 우리를 기다리고 있던 김진철 베드로를 만났다. 게다가 광주까지 우리를 보러 왔던 정수 녀석도 다시 오겠다고 했다. 오랜만에 동기들을 만날 수 있는 시간이 무척 기대됐다. 하지만 한편으로는 걱정스럽기도 했다. 우린 분명 길 위에 있는 중인데, 충남으로 들어서면서부터 우리 동네에 있는 느낌이랄까? 길 위에 있다는 느낌이 들지 않았다. 애초부터 우리의 순례에 특별한 계획이 있었던 것도 아니었으니, 이것도 영 틀린 건 아니겠지만……. 그래도 무언가 찜찜했다. 특히 논산 터미널에서 보령으로 가는 버스표를 끊으면서 그런 기분은 더 커졌다.

버스에 올라탄 뒤 여러 가지 생각을 잔뜩 했지만, 막상 웅천에 도착해서 진철이 녀석을 만나는 순간, 아무런 생각도 나지 않았다. 그저 반가웠다. 그저 좋았다. 이 모든 것이 유혹일까. 잘 알 수는 없지만, 적어도 그 순간만큼은 진심으로 행복했다.

특이하게 생긴 진철이네 3층 집에 짐을 풀었다. 이제 무얼 할까 고민하다가, 낚시를 하러 가기로 했다. 바닷가에 사는 진철이는 낚시가 지겨운지 계속 다른 걸 하자고 했지만, 내륙 지방에 사는 우리는 한번 해 보고 싶었다. 정말로 가기 싫은 듯 버티는 진철이를 우리는 계속 설득했다. 재미없어도 좋으니까 정말 해 보고 싶다면서 말이다. 찾아온 손님들이 그렇게 원하는데 진철이가 이길 수 있나. 결국 모두 함께 차를 타고 남포방조제로 향했다.

낚싯대가 없어서 대천에서 '뽀그리 낚시'라고 부르는 줄낚시를 해야 했지만, 그래도 재미있었다. 별로 고기가 잡힐 것 같지 않은 곳인데, 신기하게도 줄을 드리우는 족족 고기가 물었다. 한 마리 한 마리 낚을 때의 손맛, 그 쾌감이란! 정말 오랜만에 느껴 보는 감촉이었다. 신학교에 와서 낚시를 한 번도 못 가 봤으니, 무려 5년만이었다.

잡은 고기는 전부가 먹을 수 없는 망둥이 새끼였는데, 한 마리 두 마리 잡다 보니 어느새 50마리도 넘게 낚았다. 동기들과 함께해서 즐겁긴 했지만, 어쩐지 좀 미안하단 생각이 들었다. 전부 놓아 주고 오기는 했지만, 단지 재미 때문에 물고기에게 상처를 주었다는 사실이 마음에 걸렸다. 옛날에 어른들이 '낚시 많이 하면 자식이 언청이로 태어난다.'라고 말씀하셨는데, 확실히 바늘에 걸린 물고기는 많이 아파 보였다. '재미있기는 한데, 미안하기도 하다.' 반대로 '미안하기는 한데, 재미있기도 하다.' 이게 낚시를 하는 사람과 안 하는 사람의 미묘한 입장 차이일까.

정수가 도착할 시간에 맞추어 우리는 다시 웅천으로 돌아왔다. 진철이가 모는 차에 잠시나마 우리의 목숨을 맡겨 두고서 말이다. 정수와 만나 집에 돌아오니 얼추 저녁 시간이었다. 진철이네 옥상에다 불판이며 이것저것 준비해서 우리만의 파티를 벌였다. 지글지글 고기 익는 소리와 풍겨 오는 고기 냄새. 함께 마시는 소주 한 잔의 쌉싸래한 맛. 오랜만에 만난 친구들과 술잔을 기울이며 나누는 담소. 정말 기가 막히게 훌륭했다. 준비한 건 별로 없었지만, 모든 것이 완벽했다. 이게 바로 누구와 함께하느냐의 차이겠지.

'음주가무'라 했으니, 술자리에 노래가 빠질 수야 없지. 게다가 진철이, 정수, 나 모두가 신학교 밴드 'Felix'의 멤버이니, 어찌 가만히 있을 수 있으랴. 간만에 모인 멤버들끼리 의기투합하여 노래방으로 달려갔다. 약간은 얼큰해진 기분으로 노래방에 가서 미친 듯이 노래를 부르고, 집에 돌아오니 진철이가

〈댓 씽 유 두That Thing You Do〉라는 영화 한 편을 소개해 주었다. 오랜만에 밴드 멤버도 모였는데, 같이 보면 엄청 재미있을 것 같다면서. 그렇게 우리는 진철이 방에 옹기종기 모여 앉아 영화를 보기 시작했다.

사실 별 기대 없이 봤는데, 정말 재미있었다. 무명 밴드가 세계적인 스타로 성공하기까지의 이야기를 담고 있는데, 밴드 멤버끼리 봐서 더욱 감동적이었던 것 같다. 특히 영화 제목이기도 한 주제곡 〈댓 씽 유 두〉는 기가 막히게 훌륭했다. 영화에 너무 자주 나오는 것 같기는 했지만, 그래도 노래가 나올 때면 나도 모르게 어깨가 들썩여졌다. 영화 이야기를 하며, 학교에 복학하면 〈댓 씽 유 두〉를 꼭 한 번 연주해 보자고 다짐하며, 그렇게 밤은 깊어 갔다. 오늘이 영원히 계속되면 좋으련만, 아쉬움을 달래며 눈을 감아야 한다는 사실이 안타까울 뿐. (7월 18일)

길 위에서
캠프 준비?

순례 서른셋째 날, 웅천에서 청양까지

진철이와 아쉽게 작별한 뒤, 웅천을 떠나 청양 성당에 왔다. 워낙 작은 본당이라 교사도 없고, 주일 학교 학생도 그리 많지 않다고 한다. 초·중·고등부 연합 캠프를 하는데 준비할 사람도, 진행할 사람도 없단다. 그래서 유일한 신학생, 이영일 야고보가 동기들에게 다급하게 SOS를 쳤다. 구조 요청을 받고 김용태 안드레아와 나, 홍정수 베드로, 최재영 파스칼, 이렇게 넷이 모였다.

길 위에 있는 우리에게 이런 시간이 걸맞은 것인지는 잘 모르겠다. 여행을 시작하고 나서 한 열흘쯤 되었을 때였나, 영일이한테서 연락이 왔었다.

"뭐하냐?"

"지금 무전여행 중이야. 어쩐 일이야?"

"아, 그래? 혹시 너희 7월 중순쯤에 시간 되냐?"

"왜? 그때면 아직 여행 중이긴 할 것 같은데……."

"우리 본당 캠프를 하는데, 같이 할 사람이 없어서. 시간 있으면 좀 도와 달라고. 나 혼자 하려니까 죽겠다, 아주 그냥."

용태가 나에게 눈짓으로 물어본다.

'어떻게 할까?'

동기 부탁인데 거절할 수 있나.

'간다고 그래야지 뭘, 어쩔 거야.'

"응, 그래. 뭐, 도와 달라면 도와줘야지. 확실히 날짜 정해지면 다시 연락 줘."

"그래, 고맙다. 확실한 계획 잡히면 다시 연락할게."

그렇게 우리는 영일이를 도와주기로 약속을 잡았었다.

문득 '착한 사마리아 사람' 일화가 떠올랐다. 길 위에 있다는 핑계로 도와줄 수 없다면 우리 역시 사제나 레위 같은 사람이 되고 마는 것이 아닐까. 만일 길 위에 있어서 도와줄 수 없다면, 도대체 나는 왜 길 위에 있다는 말인가. 아니, 솔직히 말하자면 내 마음은 그런 것이 아니다. 사실 '바리사이의 율법 준수'를 피한다는 구실은 핑계에 불과하다. 순례 중에 친구를 만난다는 사실이, 캠프를 할 수 있다는 사실이, 좋아 보였는지도 모른다. 올해엔 우리 본당에서 자체 캠프를 하지 않기에 다른 캠프를 도와주며 대리 만족을 느끼려 했는지도 모른다. 내 마음속에선 여러 생각이 오가고 있었지만, 어쨌든 캠프를 도와주는 쪽으로 기울었다. 내가 길 위에 있는 것과는 상관없이 캠프에 참여하고 싶었고, 도와주고 싶었다.

어쨌든 하느님께서 허락하신 지금 이 순간이라고 생각하자. 우리 본당에는 캠프가 없어서 못내 아쉬웠는데, 이렇게 될 줄 누가 알았겠는가. 설령 우리의 욕심 때문이라 하더라도, 하느님께서 허락하시어 벗을 도와주게 하신 것이라 생각하기로 하자. 우리가 하느님의 뜻을 알 수는 없으니까, 우리의 열심이 하느님 앞에서 무슨 의미가 있는지는 아무도 알 수 없으니까. 주어진 상황 안에서 기쁘게 살아갈 것만을 생각하기로 하자.

막상 영일이를 만나서 청양 성당에 오니, 도와주러 오길 잘했다는 생각이 들었다. 정말이지 모든 준비를 영일이 혼자서 도맡고 있는 실정이었다. 프로그램도 혼자서 짜고, 다른 준비들도 거의 혼자서 하고 있었다. 간간이 자모회 어머니들의 도움을 받기는 했지만, 대부분은 영일이의 몫이었다. 정말 힘들 겠다는 생각도 들고, 한편으로는 안됐다는 생각도 들었다. 그리고 이렇게 동기로서 힘이 되어줄 수 있어 참 다행이라는 생각도.

영일이를 도와 성당 교육관에서 캠프 준비를 하기 시작했다. 바로 내일이 캠프인데 아직도 할 일이 태산같이 남아 있었다. 대강의 밑그림은 나와 있었지만, 세부적인 계획이나 프로그램 등은 많이 미흡했다. '오늘 안에 마칠 수 있을까.' 하는 생각이 덜컥 들었다. 그래도 일당백이라는 신학생들이 다섯 명이나 모였는데, 설마 캠프 하나 못 치르진 않겠지. 우리 모두 영일이를 도와 본격적으로 준비에 돌입했다. 준비물을 만들어 프로그램별로 분류하고, 빠진 것은 없는지 확인하고, 준비하기 벅찬 것들은 고치거나 뺐고, 새로운 아이디어를 보태기도 하면서 정신없이 움직였다. 물론 힘들고 피곤하기도 했지만, 본당에서 교사들과 함께 일하던 것과는 또 다른 재미가 있었다. 이런 게 바로 동기 좋다는 걸까. 마치 한마음 한몸이 되기라도 한 것 같았다.

준비를 하다 보니 어느덧 밤이 깊어 갔다. 물론 본당에서 몇 달 전부터 계획하고, 세부적인 사항까지 꼼꼼하게 챙기고, 수 없이 회의하고, 밤늦도록 교사실에 남아 공들여 준비한 뒤에 진행하는 캠프와는 분명 다를 것이다. 급하게 준비하느라 놓친 부분, 빠진 부분도 많이 있을 것이다. 하지만 우리 모두 열심히 준비했고, 그걸로 충분히 만족스러웠다. 주어진 시간, 주어진 공간, 주어진 상황 속에서 우리 나름대로 온 힘을 다했으니까. 이제 우리가 할 수 있는 준비는 다 했다. 부족한 부분은 모든 일을 선으로 이끄시는 주님께서 채워 주시리라. (7월 19일)

그저
감사할 따름

순례 서른넷째 날, 청양에서 안면도까지

오늘부터 2박 3일 동안 안면도 장꽁 농원에서 청양 성당 초·중·고등부 여름 신앙 학교를 시작한다. 이를 위해 특별하게 급조된 최정예(?) 특공대. 총감독에 이영일 야고보. 연출 및 진행에 문재상 안드레아, 김용태 안드레아, 최재영 파스칼, 홍정수 베드로. 보조 진행에 주일 학교 어머님들. 급조되긴 했지만 나름대로 훌륭한 팀이었다. 짧게는 신학교 시절부터, 길게는 고등학교 시절부터 함께해 왔기에 호흡이 척척 맞았다. 게다가 교회를 위해서 하는 일인데, 하느님께서 도와주지 않으실 리가 없지. 하느님의 도우심과 환상적인 팀워크로 큰 어려움 없이 캠프를 시작할 수 있었다.

캠프를 무난하게 치를 수 있었던 중요한 이유는 아이들에게도 있었다. '충남의 알프스'로 불리는 청양군. 고추와 구기자로 유명한 도시지만, 그렇게 크고 번성한 곳은 아니다. 그래서 그런 걸까, 아이들이 너무도 착하고 순수했다. 대전이나 천안 본당에서 온 신학생들은 하나같이 "우리 본당 아이들보다 훨씬 순수하다."라고 입을 모아 말했다. 물론 대전 역시 서울에 비하면 큰 도시는 아니지만, 그래도 청양 아이들은 확실히 다른 느낌이었다.

맑고 깨끗한 모습이랄까. 우리가 하는 말에 언제나 귀를 쫑긋 기울였고, 말도 정말 잘 들었다. 처음 보는 신학생들에게 호기심을 보이면서도 선뜻 다가서지 못하는 모습, 수줍어서 말도 잘 붙이지 못하는 모습이 정말 예뻐 보였다. 확실히 주변 환경에 따라서 아이들의 됨됨이가 달라진다는 것을 새삼 느꼈다. 이래서 깨어 있는 몇몇 부모님들은 일부러 아이들을 시골에서 키우려 하는 걸까.

아이들이 착해서 캠프를 진행하기가 아주 수월했다. 우리 모두 최선을 다해 아이들과 함께하려 했고, 아이들도 그런 우리를 진심으로 받아 주었다. 영일이 말에 따르면 이렇게 젊은

 교사들과 함께 캠프를 해 본 적이 없다고 하니, 아이들도 은근히 우리가 반가웠는지 모르겠다. 대도시 본당에서는 교사들이 그토록 공들여 준비를 해도 아이들이 학원에 가야 한다며 캠프를 외면한다는데, 이 아이들은 소소한 준비에도 어찌나 즐거워하는지. 덕분에 캠프를 진행하는 우리도 덩달아 즐거웠다.

 나는 1조인 '청양조'의 담당 신학생이 되었다. 처음 보는 아이들이 열 명도 넘으니 머리에 쥐가 나는 것 같았다. 갑자기 뇌회로에 과부하가 걸린 걸까. 2박 3일 동안 함께하다 보면 저절로 외워지기는 하겠지만, 더 노력해야지. 워낙 아이들이 순해서 크게 어렵지는 않겠지만 조금이라도 더 빨리 친해지기 위해서는 내 쪽에서 먼저 다가서야 할 것 같았다.

사실 걱정되는 면도 있다. 성격이 조용한 편이라, 처음 보는 사람들이랑 친해지려면 시간이 꽤 걸리는데……. 말 한마디 없는 과묵한 사나이는 아니지만 그래도 친해지려면 시간이 걸리는 내 성격. 이런 모습이 싫은 것은 아니지만 가끔은 노력할 필요를 느낀다. 특히 사제에게 있어서 인간관계가 제한적이라는 것은 커다란 약점이 아닌가. 더 폭넓게 사람들을 만나고 또 편안하게 대할 수 있어야 하는데, 좋아하는 사람들 틈에서만 편안함을 느끼는 나. 여전히 더 노력하고 나아가야 한다.

예수님께서는 늘 새로운 사람들을 만나셨고, 그들과 더불어 살아가셨다. 죄인과 세리, 창녀들과 허물없이 지내셨고, 당신께 찾아오는 바리사이나 율법 학자들을 거부하지도 않으셨다. 모든 사람과 편하게 대화하고, 모두와 함께 즐겁게 밥을 먹고, 모든 사람들을 위해 사셨던 분이 바로 예수님이셨다. 그분을 따르려는 나도 좀 더 모든 이들을 위해 나 자신을 열어 보일 필요가 있다. 책 속에 갇히지 말고, 특정한 인간관계에 갇히지 말고, '모든 이에게 모든 것'이 되었던 바오로 사도처럼 예수님을 닮을 필요가 있다.

하긴, 나만 이런 고민을 하고 있는 건 아닐 것이다. 인간은 누구에게나 타인이니까. 조금씩 성향의 차이가 있을 뿐, 근본적으로는 '서로를 알기 위해 끝없이 다가가는 존재'가 아닐까. 용태도, 재영이도, 정수도 애쓰고 있겠지. 아이들도 의식하지는 않지만, 나름대로 노력하고 있는 게 아닐까. 인간관계는 단번에 완성되는 것이 아니라 점점 깊어져 가는 것일 테니까. 그래도 정말 다행이다. 아이들이 착하고 순수해서. 그 예쁜 얼굴로 우리를 그토록 반겨 주어서.

캠프의 첫째 날을 마친 지금, 우리 모두 대만족이다. 하느님께서는 어쩌면 그렇게도 부족한 부분을 채워 주시는지, 모든 것이 급조되고 엉성한 것투성이인데도 아무런 문제없이 진행되었다. 캠프를 하다 보면 교사들끼리 싸우고 토라지는 일도 많은데, 오늘은 모두가 싱글벙글 웃으며 진행할 수 있었다. 이 모든 것을 이끌어 주신 하느님께 그저 감사할 따름이다. 물론 이틀 더 남아 있기는 하지만 이런 분위기라면 분명 성공적인 캠프가 될 것 같은 예감이다.

생각해 보니, '그저 감사할 따름'이라는 말은 내가 여행 중에 자주 쓰던 표현이다. 청양 성당 캠프를 하는 지금도, 언제나처럼 하느님께 감사를 드리고 있다. 우리가 길 위에 있다고 느낄 때에도, 그것을 의식하지 못하고 캠프에 정신이 팔려 있을 때에도, 하느님께서는 언제나 우리를 보살펴 주고 계셨다. 길 위에 나선 뒤로 하느님께 드릴 수 있는 건 오직 감사뿐. 어쩌면 일상이라는 길을 걸을 때에도 마찬가지일지 모른다. 다만 우리가 하느님의 손길을 의식하지 못하고 있을 뿐. (7월 20일)

아이들과
하나가 되다

순례 서른다섯째 날, 안면도 장꽁 농원

어제도 그랬지만, 오늘은 더욱 그랬다. 우리의 약하고 모자란 부분은 언제나 주님께서 가득 채워 주셨다. 별로 준비한 것도 없었건만 아이들은 즐겁게 우리의 진행에 따라 주었고, 모든 게 물 흐르듯 진행되었다. 정말 모든 것이 하느님의 도우심이고 이끄심이다. 그 말이 아니고서는 마치 기적과도 같은 오늘 하루를 도저히 설명할 수가 없다.

특별한 준비도, 엄청난 프로그램도 없었다. 오전에 가장 즐겁게 했던 프로그램인 '골리앗을 쓰러뜨린 다윗' 역시 특별한 것은 없었다. 그냥 종이컵에 빨대를 꽂고 그 위에 엉성하게 그린 골리앗 그림을 붙여 놓고, 각 조별로 나누어 물총으로 상대 팀의 골리앗을 쓰러뜨리라고 했을 뿐이었다. 사실 이 프로그램을 처음 보았을 때에 '아이들이 과연 이런 걸 좋아할까.' 싶은 생각이 들었다. 게임 규칙도 너무 단순했고, 종이컵이나 골리앗 그림도 너무 조잡한 것 같았다.

그런데 막상 프로그램을 시작하자마자 깜짝 놀랐다. 고작 물총으로 종이컵을 넘어뜨리는 게임일 뿐인데, 아이들은 우리가 예상했던 것 이상으로 즐거워했다. 아이들과 함께 물총을 쏘며, 물벼락을 맞으며 함께 놀다 보니, 우리 신학생들 역시 신이 났다. 처음엔 골리앗을 넘어뜨리려 노력하다가 나중엔 숫제 난장판 물싸움으로 변해 갔지만, 그래도 다들 행복해했다. 물에 빠진 생쥐 꼴을 하고서도, 모두의 얼굴에 웃음꽃이 피어났다. 처음에 우려했던 것들은 모두 다 하찮은 인간의 걱정일 뿐이었다.

오후의 물놀이도 마찬가지였다. 나름대로 이것저것 게임을 준비했지만 막상 바다에 나갔더니, 특별한 게임이 필요 없을 정도였다. 어쩜 그렇게 재미있게들 노는지. 신학생들도 아이들을 억지로 통제하며 프로그램을 진행하려 노력하지 않았고, 그저 아이들과 놀아 주기에 바빴다. 막간에 준비했던 게임을 하기도 하고, 즉석에서 규칙을 바꾸기도 하고, 물장난을 치기도 하고, 물을 먹이기도 하고. 신기하게도 그렇게 놀아 주는 것이 훨씬 재미있었다. 어마어마한 프로그램을 계획해서 '무슨 일이 있어도 아이들에게 전해 주고야 말겠다.'라는 마음이 없으니, 차라리 속 편했던 것 같다.

물놀이를 마치고 저녁을 먹고 나자 어느덧 해가 서쪽으로 기울고 있었다. 바야흐로 캠프의 마지막 밤, 캠프의 꽃이라 할 수 있는 캠프파이어가 기다리고 있었다. 그런데 시작부터 엉망진창이었다. 우선 장작이 없었다. 영일이 말로는 농원의 주인아저씨께서 가져다 놓겠다고 하셨다는데, 감감무소식이었다. 마음이 급해져 발만 동동 구르고 있었더니, 아저씨께서 구세주처럼 나타나 장작 있는 곳을 가르쳐 주셨다. 우리 신학생들은 잽싸게 몸을 움직이기 시작했다. 급하게 나무를 가져다가 강철 깔판 위에 차곡차곡 쌓았다. 미리 준비해 두었던 등유를 먹이고, 휘발유를 위에 덧뿌렸다. 점화봉에도 기름을 먹이고, 예비용 기름도 준비해 두었다. 그리고 다른 준비들도 부랴부랴 해 나갔다. 시작 시간은 늦어지고, 그 와중에 짐을 실어나르던 봉고차도 나무에 부딪혀 찌그러지고, 우리 마음은 점점 급해지고…….

우여곡절 끝에 캠프파이어를 시작할 수 있었다. 진행은 재영이가 맡기로 했는데, 역시 즉석에서 정해진 것이었다. 급조된 캠프파이어와 즉석에서 맡게 된 진행자. 그야말로 환상의 콤비 아닌가. 조금 걱정이 되긴 했지만, 지금까지의 상황들이 어찌어찌 이어지는 것으로 보아 큰 문제는 없을 거란 생각이 들었다. 어차피 아이들과 함께 노는 캠프였으니까. 아이들과 눈을 맞추기만 하면 그걸로 족한 캠프였으니까. 불을 피워 놓고 아이들과 게임 몇 가지만 해도 충분히 즐거울 것 같았다.

어렵게 시작된 캠프파이어, 하지만 결과는 '대박'이었다. 물론 미숙한 부분들도 많이 있었지만, 모두들 즐겁게 어울릴 수 있었다. 재영이도 어쩜 그렇게 진행을 잘하는지, 전문 레크리에이션 강사 뺨칠 정도였다. 아이들도 못내 아쉬운 이 밤을 특별히 보내고 싶어 하는 것 같았다. 음악을 틀어 주자 수줍어하면서도 흥겹게 몸을 흔들었고, 신학생들 역시 함께 어울려 리듬에 몸을 실었다. 나 역시 미친 척 춤을 추었고, 아이들의 열광적인 호응에 짜릿한 기분도 만끽했다.

그렇게 한참을 놀다가 기차놀이로 마무리를 했다. 한 명이 두 명이 되고, 두 명이 네 명이 되고, 네 명이 여덟 명이 되었다가, 마지막엔 하나의 기차로 연결되었다. 그렇게 하나의 줄이 되어 모닥불 주위에 둘러선 우리들. 마주 보니 묘하게 가슴이 찡해 왔다. 고작 이틀을 함께했을 뿐인데, 무척 오랜 시간 동안 알고 지낸 것 같은 느낌이 들었다. 내일이면 헤어져야 한다는 사실이 아쉽기만 했다.

캠프파이어를 마치고 아이들을 자유롭게 놀게 해 주었다. 본당 캠프라면 생각지도 못할 일이지만, 여기서는 당연하게 여겨졌다. 아이들끼리 노는 동안, 우리도 평가회를 겸한 파티를 했다. 소감을 나누는 자리에서 다들 감동의 도가니에 빠져 헤어 나올 줄을 몰랐다. 이런 캠프는 처음이었다며, 아이들이 너무 행복해했다며, 우리도 너무 즐거웠다며, 부족한 준비에도 하느님께서 이끌어 주셨다며…….

부족한 준비에도 불구하고 즐겁게 놀아 준 아이들이 정말 고맙다. 어제까지만 해도 '조원들과 어떻게 해야 친해질까?' 고민했는데, 사실 그럴 필요도 없었다. 그저 아이들과 즐겁게 놀다 보니 어느새 아이들과 한 걸음 더 가까워져 있었다. 무언가를 나 혼자 하지 않고, 주어진 상황 안에서 아이들과 함께하는 것, 그것이 내 고민의 해답이었다. 그게 바로 '어깨에서 힘을 빼는 것'이 아닐까. 뭐든 나의 힘으로 하고, 내가 노력해야 하는 것이 아니라 하느님께서 허락하신 조건 속에서 그저 기쁘게 머무는 것. 무언가 해야 한다는 강박이 아니라, 그저 하느님의 선하심을 믿고 그분의 역사에 몸을 맡기는 것. 그것이야말로 하느님께서 내게 바라시는 길이라는 사실을, 아이들과 2박 3일을 보내고서야 새삼 깨닫게 된 것 같다.

그래도 제각기 나름의 스타일이 있다는 것은 확실히 느낀다. 용태 녀석이야 워낙 친화력이 강한 타입이라, 아이들과 금방 친해지는 것 같다. 특히 저녁에 아이들이 남긴 카레를 배가 터질 때까지 억지로 우겨 넣는 걸 보면서 '정말 대단한 녀석'이라고 다시금 탄복했다. 아이들은 그런 용태에게 미련하다고 하면서도, 내심 친근함을 느끼는 것 같았다. 나라면 절대 못할 일이지만. 그래도 나 역시 나름의 방식으로 아이들과 친해져 가는 중이다. 아이들과 모여 게임을 하고, '흰둥이'(우리 조 조장의 별명)와 함께 설거지도 하고, 물놀이 때에 서로 물을 먹이며 친해지기도 하고, 캠프파이어 때 춤을 추면서 가까워지기도 하고. 물론 재영이도 정수도 각기 나름의 방식으로 아이들에게 다가가고 있었다. 뭐, 아무래도 좋다. 그 안에서 결국 우리 모두 하나가 되어 가고 있다는 것. 그것만으로도 정말 아름다운 일 아닌가. (7월 21일)

우리가 출발했던
그곳으로

순례 서른여섯째 날, 안면도에서 천안까지

드디어 캠프의 끝.

장꽁 농원에서 보낸 지난 2박 3일은 아마 죽을 때까지 잊지 못할 것 같다. 정말 행복했던 시간이었다. 우리 '청양조' 아이들, 명예, 대석이, 건일이, 아람이, 세진이, 주림이, 경민이, 문배, 지나, 치원이, 수경이. 모두 정말 예뻤다. 천사처럼 빛나는 아이들과 함께했던 지난 시간들이 아직도 눈앞에 어른거린다. 우린 어떤 인연으로 이렇게 만나게 된 걸까.

무거운 책임감에 눌리지 않고, 홀가분하고 편안하게 아이들과 놀아 줄 수 있는 이런 캠프는 내 일생에 두 번 다시 없으리

라. 억지로 권위를 세우려 하지 않고, 그저 아이들과 눈을 맞대고 함께할 수 있어서 더 행복했다. 참 편안하고 즐거운, 잊지 못할 기억을 가슴에 새긴 것 같다.

이번 캠프는 단순히 즐거웠던 체험을 넘어서서, 신앙 학교를 바라보는 나의 시각까지도 바꾸어 놓았다. '모든 것을 철저하게 기획하고, 하나라도 빠뜨리거나 실수하는 것이 없어야 하고, 교사들이 지쳐서 나가떨어질 때까지 준비해야 하는', 이것이 바로 지금까지 내가 가지고 있었던 신앙 학교에 대한 생각이었던 것 같다. 이 모든 것이 아이들을 위한 것이라고 생각은 하면서도, 준비를 하다 보면 어느새 일에 치어 본질을 잊기 일쑤였다. 그런데 청양 성당의 캠프는 달랐다. '무엇을 얼마나 잘 준비해서 아이들에게 전해 주느냐?'가 아니라, '얼마나 아이들이 즐거워하느냐?'가 캠프의 초점이었다. 그랬기에 아이들은 물론 우리들도 진정으로 행복할 수 있다는 것을 체험했다.

물론 40명도 안 되는 적은 수였기에, 아이들이 착하고 순수했기에, 또 경험 많은 신학생들이 진행했기에 성공했다고 볼 수도 있다. 그리고 도시의 큰 본당에서는 이런 방식으로 진행할 수 없으리라는 것도 잘 알고 있다. 그렇지만 이번 캠프는 나에게 신앙 학교의 본질이 무엇인지를 새롭게 알려 주었다. 주도권을 내가 쥐는 것이 아니라, 아이들과 하느님께 내어 드리는 것이 얼마나 풍요로운 결과를 낳는지도 깨닫게 해 주었다. 어깨에서 조금만 힘을 빼면 아이들은 물론 우리들까지도 얼마나 행복해지는지 깨닫게 해 주었다. 이제 캠프는 '치러야 할 과제'가 아니라 '모두가 즐겁게 놀 수 있는 장'으로 변화된 것이다.

어쩌면 이 모든 것이 하느님의 뜻이었는지도 모른다. 길 위에 있는 우리를 불러 이곳까지 이끄신 그분, 이곳에 있는 것이 합당한 것인지 고민하도록 만드신 그분, 바로 그분께서 우리에게 이것들을 깨우쳐 주신 것 같다. 우린 고작 캠프를 도와주러 왔을 뿐인데, 친구의 얼굴을 보고 싶어서 왔을 뿐인데, 친구가 함께해 달라고 부탁했기에 왔을 뿐인데, 그분께서는 얼마나 큰 선물을 안겨 주셨는가. 정말이지 그분께 감사드린다는 말밖에 드릴 것이 없다.

캠프를 마치고, 영일이와 함께 청양으로 돌아왔다. 원래는 어제 인도에서 돌아온 성민이를 보러 갈까 생각했지만, 영일이 혼자 짐 정리를 하게 내버려 둘 수가 없었다. 아산에는 나중에도 갈 수 있으니까, 우선은 도움이 필요한 친구 곁에 있어 주는 것이 더 낫겠다는 생각이 들었다. 결국 영일이와 함께하기로 결정을 내리고, 성당에 도착하자마자 뒷정리에 투입! 캠프장에서 가져온 짐들을 내리고, 다시 챙기고 정리까지 마치니 이제야 정말 캠프가 끝난 느낌이다. 아쉽고 시원하고, 허전하면서도 뿌듯한, 복잡한 마음들. 아, 이번 캠프에서의 추억은 정말 잊지 못할 것이다.

정리를 마치고 다시 우리 둘은 최초의 출발지인 천안으로 향했다. 용태네 집으로 가려는 것이었다. 출발하던 날 감격적인 아침 식사를 했던, 바로 그 집으로. 용태는 내일부터 성당에서 할 일이 있었기 때문에 원래 오늘 집에 들어가기로 했었다. 6월 17일에 길을 나선 이후로, 용태는 오늘 집에 간다는 것과 나는 나흘 뒤인 7월 26일에 집에 간다는 것만 빼고는 우리에게 아무런 계획이 없었다. 나는 40이라는 숫자에 집착했고, 용태 녀석은 그러한 숫자마저 초월해 버렸는지도 모른다. 이제 우리는 각자의 길을 걸어가야 한다. 용태와의 여행은 오늘까지다.

용태네 집에 무사히 도착해서 대강 짐을 풀고 몸을 씻었다. 집이 주는 익숙함과 편안함이란. 그래도 그 기쁨에 젖어 쓰러져 버리기엔 아직 일렀다. 용태네 본당의 신부님께서 저녁을 사 주겠다고 하셨던 것이다. 집을 나와서 성정동 성전 건립 공사 현장에 들른 다음, 신부님들과 함께 식사를 하러 갔다. 김재철 신부님께서 "긴 여행으로 지쳤을 테니 몸보신해야 한다."라며 보신 전골을 시켜 주셨다. 이 얼마나 오랜만에 맛보는 음식이냐. 야들야들한 고기와, 깻잎과 부추의 조화. 거기에 더해진 소주까지. 어찌나 맛있던지 눈물이 다 날 정도였다.

어쩌면 용태는 오늘로 여행이 끝이니 편안한 마음으로 먹었는지도 모른다. 신부님께서 권하시는 술도 편안한 마음으로 받아 마셨는지도 모른다. 그렇게 생각하면 나도 집에 있고 싶고 부러운 마음도 든다. 하지만 나는 아직도 길 위에 있다. 맛있는 음식을 먹고는 있지만, 아직도 허리에 띠를 매고, 손에 지팡이를 쥐고 있는 것이다.

그래, 아직 나는 광야에 있다. (7월 22일)

전의 성당에서의
하룻밤

순례 서른일곱째 날, 천안에서 전의까지

용태는 오늘부터 성당 공사장에서 일하기 위해 새벽같이 일어났고, 나는 좀 더 자다가 용태네 집에서 나왔다. 그렇게 36일간의 동반은 막을 내렸다. 이제 용태는 용태의 길을, 나는 나의 길을 걸을 차례. 생각해 보면 나만 길 위에 있는 것이 아니라, 용태 역시 길 위에서 나름의 여행을 계속하는 것이겠지. 우리가 굳이 '길 위에 있음'을 느껴 보겠다고 작정했던 것뿐이지, 우리네 삶이란 원래 끝없는 길을 계속해서 나아가는 것이리라. 끝도 보이지 않는 이 길, 이 먼 길 끝에서 무언가 기다리고 있으리라는 희망을 안고 살아가는 것이 바로 우리 아니던가.

벗이여, 그대의 길을 잘 걸어가시기를.
나 역시 내게 주어진 길을 걸어가려네.

배낭을 짊어지고 천안 거리로 나왔다. 오늘부터 남은 시간은 꼭 나흘. 쉬엄쉬엄 대전으로 걸어가도 더없이 넉넉한 시간이다. 조금 무리를 하면 하루에도 갈 수 있겠지만, 그렇게까지 할 필요는 어디에도 없다.

천천히, 나 홀로, 내 발에 느껴지는 감각을, 나의 어깨를 파고드는 배낭의 무게를, 내 주위를 둘러싼 세상을 감지하면서 걷기 시작했다. 홀로 걷는 이 길, 항상 함께했던 친구가 없으니 조금 쓸쓸하기는 하지만, 혼자 있을 때만 느낄 수 있는 이 상쾌한 고독이여. 학교에서 천안까지 수도 없이 오갔건만, 나 홀로 걷는 이 길은 신기하리만치 새로웠다. 고독은 나를 둘러싼 시간과 공간, 온 세상에 농밀함을 더해 주었다.

기차나 버스를 타고 천안에 도착하면, 천안에 가는 길에 무엇이 있는지, 어떤 동네를 거쳐서 가는지, 동네 이름은 무엇인지, 신경 쓸 이유도 여유도 없다. 하지만 직접 발로 천안을 걸어 보니 느낌이 색달랐다. 우선 천안엔 '용龍'자가 들어가는 이름이 참 많다는 걸 느꼈다. 쌍용, 삼룡, 오룡, 구룡…… 대체 용이 몇 마리인가 싶을 정도였다. 호두과자 가게가 아주 많다는 것도, 예전에 음악 시간에 배웠던 '천안 삼거리'가 실제 있다는 것도, 아름다운 공원이 있다는 것도 알게 되었다. 차를 타고 달렸다면 분명 지나쳐 버렸을 작은 것들. 그런 것을 아는 게 무슨 도움이 되느냐고 생각하는 사람이 있을지도 모르겠다. 하지만 좋지 않은가. 내가 직접 보고, 듣고, 느끼며 살아가는 삶이란. 아니, 그런 것이 없다면 삶의 의미가 대체 어디에 있는 걸까. 천천히, 느리게, 힘들지만, 내 발로, 홀로 걸어가는 길은 분명 이전과는 달랐다.

그렇게 길을 걸어가던 중 갑자기 차 한 대가 섰다. 창문이 열리더니 누군가 나를 불렀다. 어제 만났던 대성 형이었다. 천천히 걸어가고 싶었지만, 태워 주겠다는 선배의 말을 거절할 수 없었다. 대성 형은 학교에 가는 길이라고 했다. 원래 신학교에 들를 계획은 없었지만, '이것도 하느님의 뜻인가?' 싶어 학교에 가 보기로 했다. 길 위에선 워낙 우연이 운명이 되어 버리는 일들이 많아서, 스스로 판단하기 힘들었다.

그렇게 졸지에 신학교에 갔다. 신학원장 신부님을 뵙고 오늘이 37일째라고 말씀드리며, 지난 여행 이야기를 해 드렸다. 신부님께서는 깜짝 놀라시며, 한편으로는 대견스러워하셨다.

원래 방학 중에는 학교로 찾아온 학생에게 용돈을 주지 않지만, 이번에는 주지 않을 수가 없다고 하시며 몇 만 원을 쥐여 주셨다. 내 모습이 그리도 힘들어 보인 걸까. 어쨌든 날 걱정해 주시고 마음 써 주신 신부님께 감사드릴 뿐이다.

  신부님께 작별 인사를 드리고, 대성 형이 사 주는 짜장면을 먹은 뒤 전의 성당으로 향했다. 학교에 있으면서 한 번도 와 보지 않았는데, 오늘에서야 이렇게 오게 되다니. 밥을 먹고 나니 식곤증 때문인지 졸음이 밀려왔다. 어차피 오늘은 이곳에서 잠자리를 청하기로 했으니, 시간은 남아돌 만큼 있었다. 성당에서 한숨 자는 것도 괜찮을 것 같았다.

성당 옆 나무 그늘에 누워 낮잠을 자고 일어나 성당 마당으로 들어갔다. 그런데 학교 사무처에서 봤던 미카엘라 자매님이 성당에 와 있는 게 아닌가. '혹시 교사일까? 날 알아보는 건 아닐까?' 일말의 걱정과 함께 일단은 자리를 피해 마당 벤치에 가 있기로 했다. 지금까지 밀린 여정 표시와 일기를 정리하고 있는데, 갑자기 미카엘라 자매님이 다가왔다. 그러고는 아무 말 없이 팥빙수를 한 그릇 내밀었다. 나를 알아보는 것 같기도 하고, 모르는 것 같기도 하고. 아마 자매님도 확실치 않은 것 같았다. 나도 그냥 모르는 척, 고맙다고 인사를 하고선 맛있게 먹었다.

7시 30분 미사를 드리고 본당 신부님께 인사를 드린 뒤, 대강 사정을 설명하고 잠자리를 청했다. 역시 충남대학교 학생이라는 거짓말과 함께. 전례학을 강의하시는 신부님은 내가 휴학을 하고 나서 귀국하셨기에 나를 못 알아보시는 것 같았다. 본당 신학생이 한 명 있기는 했지만, 이제 갓 신학교에 들어온 신입생. 다행히 나를 알 까닭이 없었다. 덕분에(?) 신분을 숨기고, 충남대생이 되어 성당 교육관에서 하룻밤을 신세질 수 있었다.

교육관에 들어가 보니, 캠프 준비로 한창 바빴다. 신학생, 미카엘라 자매님과 함께 다른 교사들을 도왔다. 이것저것 자르고, 붙이고, 만들고, 정리하다 보니 어느덧 밤이 되어, 교사들과 어울려 가볍게 맥주를 마시러 갔다. 거기에서 듣게 된 미카엘라 자매님의 이야기. 역시나 내가 신학생인 줄 알았단다. 예전에 학교에서 본 것 같아서 팥빙수도 가져다준 거였고. 그런데 내가 충남대생이라고 하기에 자기가 잘못 안 것 같단다. 그러면서 나랑 엄청 닮은 학사님이 있다며 막 웃으시는 게 아닌가. 나도 겉으로는 따라 웃고 있었지만 속은 콕콕 찔리고 있었다.

뭐 그래도 어쩌랴, 이미 돌이킬 수 없는 상황이니 그냥 웃을 수밖에. 다행히 대화의 주제는 성당 캠프 이야기로 넘어갔고, 그렇게 이야기를 나누는 가운데 밤은 깊어 갔다. 전의 성당에서 만나게 된 신학생과 교사들과의 술자리, 이것도 지나고 나면 분명 추억이겠지? 복학해서 미카엘라 자매님을 다시 만날 생각을 하니 벌써부터 웃음이 나온다. 나중에 또 만나요, 미카엘라 자매님. (7월 23일)

오랜만의
해후

순례 서른여덟째 날, 전의에서 조치원까지

오늘은 조치원까지 가기로 마음을 먹었다. 그곳에 사는 영중 형이 보고 싶었다. 형은 중·고등학교 시절 선화동 성당에 다니고 있을 때에 만난 인연이다. 중학교 3학년 때, 학생회 활동에 푹 빠져 있었을 즈음 영중 형은 학생회 부회장을 맡고 있었다. 그러다가 내가 고등학교 2학년으로 올라갈 무렵, 형은 덜컥 신학교에 들어가겠다고 했다. 영중 형이 신학교에 갈 줄은 전혀 몰랐고, 내가 아는 사람이 신학교에 간다는 게 어쩐지 신기하게 느껴졌다. 2년 뒤에 나 또한 신학교에 들어가면서 영중 형을 볼 수 있을 줄 알았다. 그런데 형은 곧바로 입대했고,

다시 2년 뒤엔 내가 입대했다.

결국 거의 6년 만에 형을 보게 되는 셈이었다. 물론 중간에 얼굴을 마주친 적은 있었지만, 꼭 한 번 제대로 만나고 싶었다. 그래서 형이 있는 조치원을 향해 걷기 시작했다. 아무런 연락도 없이, 꼭 만날 수 있을 거라는 희망만을 가지고.

아무래도 마음이 좀 급했나 보다. 조치원까지 걸어가는 길은 어제만큼 여유롭지는 않았다. 그냥 조치원을 향해 열심히 걸었다는 느낌밖에 안 들었다. 확실히 마음에 여유가 없을 때 세상은 덜 아름다워 보이는 것 같다. 여유가 있을 때, 어깨에 힘을 뺄 때, 세상은 더 풍요롭게 다가온다. 하긴, 오늘은 아무래도 괜찮았다. 조치원에는 만나야 할 사람이 있었고, 어떻게든 그 사람을 만나고 싶었으니까.

열심히 걸어서 조치원 읍내에 도착했다. 그런데 도무지 성당을 찾을 수가 없었다. 교회처럼 생긴 건물은 많은데 성당은 눈을 씻고 찾아봐도 보이지 않았다. 조치원이 그리 큰 동네도 아닌데, 아무리 찾아도 성당 비슷한 건물은 보이지 않았다. 사람들에게 물어봐도, 제대로 알고 있는 사람이 없었다. 사람들마다 알려 준 길이 다르고, 그 길도 하나같이 틀린 것이었다. 조치원까지 오는 건 그리 힘들지 않았는데, 성당을 찾는 건 왜 이렇게 힘든지. 몇 번이나 거듭 더 물어보고서야 겨우 조치원 성당을 찾을 수 있었다.

드디어 조치원 성당에 도착하여, 본당 사무실에 들어갔다.

"안녕하세요, 혹시 윤영중 필립보 신학생 있나요?"

"……."

잠깐 동안 침묵이 흘렀다. 내 행색이 너무 남루해 당황하신 걸까. 아니면 잠깐 생각을 하시는 걸까. 머릿속에 불안한 생각들이 오가는데 반가운 대답이 들렸다.

"지금은 집에 있을 것 같은데요, 전화해 드릴까요?"

아주 잠깐의 침묵이었는데 왜 그리도 불안했던 걸까. 아, 아직도 부족한 나의 믿음이여. 길에서 38일을 있었건만, 타인의 눈초리를 아직도 의식하는 나의 꼴이라니.

다행히 영중 형은 곧바로 달려와, 나를 반갑게 맞아 주었다. 얼마 만에 다시 보는 얼굴인지, 정말 오랜만의 해후였다. 형은 예전 그대로였다. 체격 좋은 몸, 어딘지 순해 보이는 얼굴, 약간은 어눌한 말투에 순박한 웃음까지. 반가웠다. 보러 오길 정말 잘했다는 생각이 들었다.

영중 형은 내 이야기를 듣더니 이내 신학생 방으로 데려가 샤워를 하게 해 주었다. 그리고는 신부님과 가볍게 저녁 식사를 한 뒤, 영중 형과 함께 저녁 미사에 들어갔다. 물론 어제 미사를 드렸지만, 길 위에 선 나는 언제나 미사에 고파 있었다.

저녁 미사인데도 생각보다 많은 사람이 모여 있었다. 시골 본당이라 생각했는데, 그렇지도 않은 것 같았다. 주위에 홍익대, 고려대 등의 캠퍼스가 있어서인지 청년들도 상당히 많았고, 분위기도 활기차 보였다. 청년들끼리 전례 준비도 하고, 성가대도 만들어서 미사에 참여하는 모습이 정말 보기 좋았다. 많은 이들이 교회의 위기 운운하지만, 이 모습만으로도 충분히 희망이 있는 것 같았다. 젊은이들이 능동적으로 전례에 참여하는 모습이 얼마나 아름답던지. 그들의 순수한 열정을 하늘에 계신 하느님께서도 분명 기뻐하실 것 같았다.

그러고 보면 우리 본당은 얼마나 풍요로운가. 언제나 사람들이 부족하다고, 일할 사람들이 없다고 불평하고는 있지만, 그래도 얼마나 많은 사람들이 모여 함께 미사를 드리는가. 주어진 현실에 더 감사해야 할 것 같다. 그리고 지금까지 생각했던 것처럼 '캠프를 훌륭히 치르고, 성가 발표회를 성황리에 마치고, 성탄 예술제를 잘 해내는 것'은 사실 중요한 것이 아니라는 생각이 든다. 우리가 하느님의 이름으로 함께 모였다는 사실만으로도 충분히 아름답지 않은가. 그 안에서 우리가 더 사랑하고, 더 기뻐하고, 더욱 하느님을 찬미할 수 있다면 그것으로 족하지 않은가.

청년들과 함께 소박하지만 감동적인 미사를 끝냈다. 그리고 나서 보좌 사제관으로 올라가 신부님과 영중 형과 함께 맥주를 마시며 이야기를 나누었다. 여행 이야기, 학교 이야기, 그 밖의 다양한 이야기들이 술잔을 타고 오갔다. 이렇게 신부님과 선배와 함께 술잔을 기울이고 있으니, 이제 정말 여행이 끝나 간다는 생각이 스쳐 지나간다. 어느덧 시간은 11시가 되어, 슬슬 자러 갈 시간이다.

오늘이 지나면 길에서 보낼 수 있는 시간은 꼭 하룻밤. 이렇게 나의 순례는 종장을 향해 내딛고 있다. 지금 이 순간, 나의 소중한 삶이여!

반갑고, 고맙고, 기쁜 하루를 이렇게 마친다. *(7월 24일)*

느리게
더 느리게

순례 서른아홉째 날, 조치원에서 대전까지

걷고, 걷고, 걷고, 그리고 또 걷고.
그것이, 우리네 삶.

아침, 조치원 성당에서 눈을 떴다. 실제로는 오늘이 여정의 마지막 날이다. 어차피 조치원에서 대전은 하룻길이니까, 아무리 천천히 간다 해도 저녁이면 대전에 도착할 수 있을 것 같았다. 마지막으로 배낭을 꾸려 다시 길 위로 나섰다. 아버지에게 빌린 붉은색 세로토레 배낭과 그 안에 든 낡아 빠진 옷가지 몇 벌. 이것이 내가 가진 전부였다. 이렇게 배낭을 꾸리는 것도 정말 마지막이다. '이제 짐을 푸는 것은 내일, 나의 집에서다.'라고 생각하니 느낌이 이상했다. 그렇게 39일째 날이 시작되었다.

대전으로 돌아오는 길은 무척이나 여유롭고 아름다웠다. 물론 집에서 학교까지 몇 번을 다닌 길이지만, 이렇게 가까이에서 느끼기는 처음이었다. 언제나 차나 기차를 타고 스쳐 지나가는 풍경으로만 바라봤었다. 하지만 내 발로 직접 밟는 땅은, 내 손으로 직접 만지는 풀과 나무들은, 내가 걸터앉는 나뭇등걸은, 지친 내가 눕는 풀밭은 전혀 다른 느낌이었다. 천안에서 전의로 오는 길에 느꼈던 그 감정이 더욱 진하게 내 안에서 자라났다.

느리게, 더 느리게. 그것이 바로 세상을 다시 보는 길인 것 같다. 본래는 '광야에서의 40일'을 보내기로 마음먹었지만, 순례의 끝 무렵에 다시 만난 이 길은 너무도 아름다웠다. 전혀 알지 못했던 지명들, 있는지조차 몰랐던 나무 벤치와 길가의 가게들, 길섶에 핀 들꽃과 나무들. 모든 것이 새롭게 다가왔다. 급할 것도 없이, 조금 가다가 힘들면 쉬어 가고, 그러다가 졸리면 풀밭에 누워 잠을 자고. 한숨 자고 일어나서 하늘 한 번 바라보고 다시 일어나 걷고……. 내 곁을 달리는 자동차가 하나도 부럽지 않았다. 천천히, 두 발로 걷는 이 길이 내겐 훨씬 소중했으니까.

그렇게 한참을 걸으니 슬슬 익숙한 이정표가 보이기 시작했다. 눈에 익은 동네가 보이자 대전에 가까워진 게 느껴졌다.

이윽고 나타난 반가운 표지판.

'대전에 오신 것을 환영합니다.'

드디어, 대전으로 돌아왔다. 여행을 시작한 지 꼭 39일 만이었다. 흐르는 강물을 거꾸로 거슬러 오르는 연어들처럼, 집을 떠난 이는 집으로 돌아가게 마련이다. 길을 나서는 것은 결국 다시 돌아오기 위함이다. 우리네 삶이야 말해 무엇 하랴. 결국 다시 태어난 곳으로 돌아가기 위한 여정임을.

집까지는 아직 많이 남았지만, '대전'에 도착했다는 것만으로도 힘이 솟았다. 버스 정류장에 붙어 있는 '외삼동'이라는 표지판. 대전에 '외삼동'이라는 동네가 있는지도 몰랐지만, 그저 대전에 속해 있는 곳이라는 이유만으로도 친근함이 느껴졌다. 그렇게 계속 걸어가다 보니, 정말로 익숙한 모습이 보이기 시작했다. 월드컵 경기장 근처의 화원들, 경기장 너머의 익숙한 동네들, 노은, 반석, 유성, 오랜만에 만나는 그곳들이 더없이 반가웠다. 고작 40일 남짓 떠나 있었을 뿐인데, 왜 그렇게 모든 게 반갑고 새롭게 느껴지는지.

외곽에서부터 안쪽으로 들어가니, 점점 더 익숙한 거리들이 나왔다. 저 멀리 둔산동 성당도 보였다. '저곳은 민엽이랑 장혁이랑 인제가 있는 본당인데, 설마 월요일 이 시간엔 아무도 없겠지?' 그런 생각을 하면서 둔산동 성당 쪽으로 걸어가는데, 놀랍게도 민엽이가 입구에서 나오고 있었다. 본당 선배인 인찬 형과 함께. 둘이 나란히 걸어 나오는 모습이 마치 기적 같았다. 월요일 이 시간에 신학생 두 명이 성당에 있을 이유는 어디에도 없는데 말이다. 여행을 마치기 전에 하느님께서 내게 보내신 천사들일까.

인찬 형과 민엽이가 나를 알아보고 반갑게 인사했다. 나도 길을 건너가 반갑게 인사한 뒤, 여행 이야기를 들려주었다. 이제 순례를 마치고 집에 걸어가는 길이라고 했더니, 인찬 형이 배고플 텐데 해장국이라도 한 그릇 먹고 가라고 했다. 안 그래도 점심을 못 먹어서 배고팠는데, 이게 웬 횡재냐. "감사합니다!" 대답하고 바로 근처 식당으로 들어갔다. 역시 '시장이 반찬', 평범한 올갱이국이었지만 허기진 배 속은 무슨 진귀한 음식이라도 되는 것처럼 허겁지겁 받아먹었다. 한 그릇을 뚝딱 비우고 나니 그제야 좀 허기가 가시는 것 같았다.

이 여행이 끝나면, 올갱이국 한 그릇에 이렇게 기뻐할 일이 또 있을까.

이 여행이 끝나면, 길에서 만난 동기 한 명에 이렇게 기뻐할 수 있을까.

이 여행이 끝나면, 집 근처에 왔다는 것만으로도 가슴이 두근거릴 만큼 이렇게 기뻐할 수 있을까.

그러고 보면, 길 위의 삶은 축복이다. 모든 것이 감사하고, 모든 것이 행복하고, 모든 것이 만족스러운, 더 이상 바랄 것이 없는 삶이다. 둔산동의 어느 식당에서 겨우 해장국 한 그릇 먹고 이런 생각을 한다는 것이 우습기도 했지만, 그래도 정말 행복했다.

해장국집을 나와 인찬 형과 민엽이와 헤어졌다. 이젠 정말 집으로 향할 차례. 둔산동에서 우리 집은 그리 멀지 않다. 걸어서 한 시간이면 충분한 거리다. 아직 완전히 어둠이 내리지 않았기에, 시간은 차고 넘치도록 충분하다. 시간이 모자랄까 봐 걱정되는 게 아니라, 너무 남아서 걱정이다. 그렇다고 길에서 멈출 수는 없는 노릇이고. 어쨌든 40일이 되려면 아직 시간이 남았기에, 목동을 향해 느릿느릿 발걸음을 옮기기 시작했다.

하지만 아무리 천천히 걸어도, 집까지의 거리는 점점 줄어

들고 있었다. 달팽이도 어쨌든 목적지까지 가고야 마는 법이니. 둔산동 성당에서 나와서 '세이브 존'을 지났다. 남선 공원을 지나, 중촌 육교까지 지났다. 결국, 목동 성당이 보였다.

어두운 성당 마당에 홀로 앉았다. 사실 눈물이 왈칵 날 줄 알았는데, 그렇지는 않았다. 그저 복잡한 느낌이었다. 반가움, 안도감, 엄청난 피로, 여행이 끝났다는 아련함, 이렇게 끝나 버리는 거냐는 아쉬움, 그리고 집에 가고 싶었다. 몸서리쳐질 만큼.

나는 왜 이 길을 걸었을까. 나는 왜 길 위에 있었을까.

그리고 지금 성당 마당에 홀로 앉아, 성모상을 바라보며 밤이 흘러가는 것을 느끼고 있다.

세상 천지에 나 혼자뿐이다.
세상 천지에 예수님뿐이다.
결국, 예수님과 나
둘뿐이다. *(7월 25일)*

광야에서의
마지막 밤

순례 마흔째 날, 우리 집까지

죽음같이 깊은 잠.
그리고,
끝이 아니다!

눈을 떠 보니 환한 대낮이었다. 우리 집이었다. 내 방이었다. 내가 쓰던 이불, 내가 쓰던 베개, 어디를 보아도 내 체취가 묻어 있는 물건들. '아무런 걱정이나 불안함 없이, 눈을 뜰 수 있다.' 이것을 의식하자 갑자기 가슴 한구석이 찡해 왔다.
그래, 다시 돌아온 것이다.

가만히 앉아 어젯밤의 기억을 더듬어 보았다.

어젯밤, 나는 성당 마당의 성모상 앞에 가만히 앉아 있었다. 밤을 느끼고, 시간이 흐르는 것을 느끼고 있었다. 사실은 예수님을 좀 더 느끼고 싶었다. 예수님은 광야에서 대체 어떻게 지내셨을까. 40일이 끝나는 그때, 예수님께서는 어떤 마음이 드셨을까……. 나는 왜 여기에 있는 걸까.

나의 순례는 무슨 의미가 있었던 걸까.

나는 예수님과 함께 있었던 걸까.

나는 대체 왜 그 길을 걸었던 걸까.

나의 삶은 대체 무슨 의미가 있는 걸까.

그렇게 밤을 새우며 성당에 앉아 있으려 했다. 중요한 일을 앞두고 밤새 기도하셨던 예수님처럼 말이다. 성당 마당에 그렇게 앉아 있으면, 무슨 엄청난 일이라도 일어날 것 같았다. 40일이 다 되어 가는데, 이대로 끝나 버린다면 무언가 허무할 것도 같았다. 하느님께서 내게 나타나실 것도 같았고, 무언가 깊은 진리를 깨달을 것도 같았다. 나의 성소에 확실한 빛이 비칠 것도 같았고, 내 여정의 의미가 마지막 순간에는 밝게 드러날 것도 같았다. 마치 뜬눈으로 밤을 지새우고 진리를 깨달은 선사들처럼, 그렇게 동이 틀 때쯤이면 나도 달라질 수 있을 것 같았다. 하느님과 대화를 하거나, 깊은 관상에 빠져 시간의 흐름을 잊을 것도 같았다. 이것이야말로 내 일생일대의 사건이 될 수 있을 것만 같았다.

그런데 아무런 일도 일어나지 않았다. 밤의 성당은 쓸쓸하고 지루했다. 날씨는 무덥고 습해서 온몸이 끈적였다. 게다가 모기까지 사방 천지에서 앵앵거리며 귀찮게 했다. 내가 꿈꿔 왔던 것처럼, '깊은 관상에 잠겨 있는 동안 온갖 피조물들이 내 곁에 와서 지켜 주는' 그런 일은 일어나지 않았다. 도저히 기도에 집중할 수도, 마음을 모을 수도 없었다. 내가 지나친 환상을 가지고 있었던 것인지, 너무 낭만적으로 생각했던 것인지, 40일이 되어 가는 광야의 밤은 그렇게 아름답고 고요하지만은 않았다. 지극히 현실적이었고, 괴로웠고, 빨리 집에 가고 싶었다. 예수님을 찾고, 그분을 만나고 싶었던 것은 분명했지만, 이 마지막 밤에 대해 내가 상상했던 모든 것이 모조리 허튼 꿈처럼 느껴졌다. 유혹인지, 나의 망상이 깨어진 것인지는 하느님만이 아시리라. 하느님께서 나의 환상을 깨 주신 것인지도 모르고, 악마의 유혹에 내가 넘어간 것인지도 모르겠다.

확실한 것은, 밤 11시 50분에 성당에서 일어나 집을 향해 걸어갔다는 것이다. 성당에서 집까지는 걸어서 10분이니까, 천천히 걸어가면 40일이 되는 그 순간에 집에 도착하리라고 생각했다. 솔직히 그 10분이 빨리 지나가기만을 바랐고, 한편으로는 그렇게 생각하고 있는 나 자신이 조금은 비참했다.

40이라는 숫자에 내가 너무 집착하고 있는 것일까. 10분이 더 흐른다고 해서 하느님과 나 사이에 무슨 변화가 생기기라도 하겠는가. 무언가 좀 더 드라마틱한 결말을 원했던 걸까. 그럼에도 39일째로 돌아가고 싶지는 않은 나의 마음. 정확히 40일을 채우고자 하는 것은 나의 만족감 때문인가, 하느님 때문인가. 이 광야에서 나는 정말 하느님만을 의지했던 것일까. 이 모든 생각들이 내 머릿속에서 뒤죽박죽이 되어 나 자신을 서글프게 만들었다.

그래도 분명했던 것은, '집에 가고 싶었다'는 것이다. 복잡한 마음은 점점 무거워졌지만, 집으로 향하는 한 걸음 한 걸음은 더없이 가벼웠다. 마음의 무게야 어떻든, 정말 중요한 것은 '집에 갈 수 있다'는 것이었다.

초인종을 누르자, 문이 열렸다.

모든 것이 끝났다. 모든 것이.

어머니께서는 날 보며 이렇게 말씀하셨다.

"네가 지금 올 줄 알았어."

그리고

죽음같이 깊은 잠.

다시 눈을 떴다.

머릿속이 완전히 정리된 것은 아니었지만, 여전히 모든 것이 혼돈 속에 남아 있었지만, 묘한 감동이 밀려왔다.

'나는 결국 40일을 광야에서 보냈던 것인가.'

그랬다. 광야의 40일을 걸어왔다. 내가 어떻게 이 길을 걸어올 수 있었을까. 문득 길 위에서 만났던 수많은 사람들이 생각났다. 생각지도 않았던 잠자리, 갑자기 얻게 된 빵 덩이, 큰 의미 없는 미소와 격려까지도. 의지할 데라고는 아무것도 없던 광야에서 나를 버틸 수 있게 해 준 유일한 힘. 그 모든 것이 하느님께서 주신 선물이었다. 그분들을 통해서 나를 돌보아 주고 계셨던 것이다.

나도 모르게 웃음이 나왔다. 하느님께, 그분들께 감사하는 마음이 솟구쳐 올랐다. 갚을 수도 없는 빚, 평생을 갚아야 할 빚을 진 셈이지만 그래도 나는 죽을 만큼 행복했다. 길 위에서 만났던 모든 사람들이, 길 위에서 만난 모든 것들이 내게 하느님을 보여 주었다. 아직 모든 의미가 명확하게 드러난 것은 아

니었지만, 이것만큼은 분명했다. '하느님과 함께 걷는 길은 행복했다.'

이제, 눈을 뜨고 다시 일어나야 한다.
다시 길을 걸어야 한다.
그분과 함께. (7월 26일)

맺음말

다시,
길을 떠나며

여행이 끝날 때쯤이면,
여행의 의미가 밝혀질 줄 알았습니다.

그런데 그렇지도 않은 것 같네요.
여행을 마친 지 몇 년의 시간이 지난 지금도,
여전히 그 의미를 정확하게 모르겠습니다.

하긴, 아무렴 어떻겠습니까.
길 위에서 하느님을 만나고 행복했으면
그걸로 좋은 것 아닐까요?

물론 힘들기는 했지만
하느님께서 만드신 세상이 아직 살 만하다는 걸
깨닫는 데는 충분한 날들이었으니까요.

그리고
지금까지 저와 함께 이 여정을 걸어 준 여러분께도
정말 감사합니다.
여러분 한 사람 한 사람이
바로 제가 길 위에서 만난 하느님이었어요.

길 위에서 저를 지켜 주신 하느님,
정말 감사합니다.
데오 그라시아스 Deo Gratias.

이젠 다시,
길을 떠날 시간입니다.

아니,
우리 모두
이미 길을 걷고 있는 중이지요.